오로지
습관하라

오로지 습관하라

펴낸날 초판 1쇄 2018년 7월 30일

지은이 아이카와 히데키
옮긴이 최시원

펴낸이 강진수
편집팀 김은숙, 최시원
디자인 강현미

인쇄 (주)우진코니티

펴낸곳 (주)북스고 | **출판등록** 제2017-000136호 2017년 11월 23일
주소 서울시 중구 퇴계로 253(충무로 5가) 삼오빌딩 705호
전화 (02) 6403-0042 | **팩스** (02) 6499-1053

ⓒ 아이카와 히데키, 2018

• 이 책은 저작권법에 따라 보호를 받는 저작물이므로 무단 전재와 무단 복제를 금지하며,
  이 책 내용의 전부 또는 일부를 이용하려면 반드시 저작권자와 (주)북스고의 서면 동의를 받아야 합니다.
• 책값은 뒤표지에 있습니다. 잘못된 책은 바꾸어 드립니다.

ISBN 979-11-962927-6-8 03320

이 도서의 국립중앙도서관 출판예정도서목록(CIP)은 서지정보유통지원시스템 홈페이지(http://seoji.nl.go.kr)와
국가자료공동목록시스템(http://www.nl.go.kr/kolisnet)에서 이용하실 수 있습니다.(CIP제어번호: CIP2018022284)

책 출간을 원하시는 분은 이메일 booksgo@naver.com로 간단한 개요와 취지, 연락처 등을 보내주세요.
Booksgo는 건강하고 행복한 삶을 위한 가치 있는 콘텐츠를 만듭니다.

오로지 습관하라

★★★ 최고를 만드는 공식은 사소한 습관에 있다 ★★★

아이카와 히데키 지음 | 최시원 옮김

Booksgo

최고들은
뜻밖의 상황에서 기지를 발휘한다

1979년에 '와세다 학원'을 설립했습니다. 와세다 학원을 아는 사람이라면 이렇게 말하곤 합니다.

"AO(Admissions Office, 일본형 입학사정관제) 전형에 강한 학원 말이죠?"

"좀 특이한 학원이지 않나요?"

맞습니다. 와세다 학원은 일반 학원과는 다릅니다. 대개 학원에서 실시하는 입시 준비를 위한 교육이 아닌, 앞으로 이 시대를 살아나갈 인재 육성에 초점을 맞춘 교육을 하기 때문에 독특하다는 인상을 남겼을 것입니다.

와세다 학원에서는 전 세계 곳곳에서 활약하고 있는 각 분야의 일인자들과 함께 차세대 인재 육성 환경을 만드는 일이 무엇보다 중요하다 생각했습니다. 세계를 무대로 끊임없이 투쟁하고 있는 최고 인재들이 다음 세대에게 전하는 메시지에는 강한 힘이 있습니다.

그 메시지를 들은 젊은이들이 스스로 삶의 방식을 변화시킬 수 있도록 만들고자 했습니다.

세계적인 인재들에게는 그 자리에 올라설 수 있는 이유가 있습니다. 그 이유를 젊은이들이 직접 느끼고 배우게 만듭니다. 간단히 말하자면 최고들의 어떤 점이 대단한지를 직접 느끼고 깨닫는 것입니다.

지금까지 저와 뜻을 같이하고 함께 인재 교육을 해 온 분들을 소개하면 다음과 같습니다. 따로 설명을 덧붙이지 않아도 인정할 만한 초일류 인재들입니다.

- **다케나카 헤이조** – 전 총무대신, 게이오기주쿠대학 명예 교수, 도요대학 교수
- **니시하라 하루오** – 와세다대학 12대 총장, 아시아평화공헌센터 이사장

- **제프리 삭스** – 컬럼비아대학 지구연구소 소장, 국제연합(UN) 사무총장 특별 자문관
- **버나드 로스** – 스탠포드대학 디스쿨 설립자
- **잠셰드 바루차** – 쿠퍼유니온대학 12대 총장
- **히로세 시게오** – 도쿄공업대학 명예 교수, 주식회사 하이봇 CTO
- **야마와키 히데키** – 드러커스쿨 전 학장
- **에일린 노튼** – 구글 인사총괄 책임자
- **무라이 준** – 게이오기주쿠대학 환경정보학부 학부장
- **요로 다케시** – 도쿄대학 명예 교수, 해부학자, 작가
- **故 나카지마 미네오** – 국제교양대학 설립자, 전 도쿄외국어대학 총장
- **故 아사쿠라 세쓰** – 무대예술가, 화가

그 외에도 스티브 잡스의 오른팔로 불렸던 애플사 존 카우치(John Couch)나 타임사의 역대 사장단, 지휘자가 없는 오케스트라로 잘 알려진 오르페우스 실내관현악단의 대표 알렉산더 쉐이를(Alexander Scheirle), 록펠러 재단의 데이비드 록펠러 주니어(David Rockefeller Jr.) 등과도 직접 교류하

며 새로운 사업을 추진한 적도 있습니다.

쟁쟁한 사람들과 오랜 시간 교육의 현장에서 함께 하면서 한 가지 사실을 깨달았습니다.

바로 그들이 가진 공통점이라고 볼 수 있는 세계 최고들의 '습관과 사고법'의 핵심입니다.

단순히 가까운 관계라서가 아닌, '교육' 현장에서 진정성을 갖고 함께 했기 때문에 알 수 있었던 것이 아닐까 싶습니다. 다음 시대를 이끌어갈 젊은이들을 대할 때의 모습이나 전하는 메시지에는 지금까지 걸어온 인생이 고스란히 녹아 있습니다. 또 사전 미팅이나 준비, 협의를 진행할 때도 삶의 방식이 자연스럽게 드러납니다.

여러분은 이런 경험을 한 적이 있나요?

- 회의 시간에 해야 할 말을 잊어버려서 눈앞이 깜깜해졌다.
- 갑작스러운 발표 요청에 말문이 턱하고 막혀 버렸다.
- 거래처에서 뜻밖의 제안을 받아 대답을 얼버무리고 말았다.
- 면접 때 생각지도 못한 질문을 받고 당황한 나머지 아무 대답도 하지 못했다.

• 시험 도중 예상을 벗어나는 문제가 출제되자 손이 굳어지는 것을 느꼈고, 그때부터 컨디션이 급격히 나빠져 생각한 것만큼 실력을 발휘하지 못했다.

'조금 더 유연하게 대처했더라면' '임기응변으로 무마했더라면' '빨리 털고 일어났다면 충분히 바로잡을 수 있었을 텐데' 하고 후회한 적도 있을 것입니다.

인생에는 늘 '뜻밖의' 상황이 뒤따릅니다. 누구도 피할 수 없습니다. 그때마다 어떻게 이겨내고 해결해 나갈 것인가 하는 질문을 마주하게 됩니다.

초일류라 불리는 사람들은 이런 돌발적인 상황에 대처하는 능력이 아주 탁월합니다. 아마 여러분에게도 비슷한 이미지가 떠오를 것입니다. 우리도 그들처럼 뜻밖의 상황에서 기지를 발휘하는 능력을 키울 수 있다면 얼마나 좋을까요.

다케나카 헤이조 선생님은 학생들을 가르칠 때 정해져 있는 내용을 순서대로 짚어나가는 방식의 수업은 절대 하지 않습니다. 항상 최신 뉴스 중에 눈길을 끈 것은 없는지, 일상생활에서 특별한 일은 없었는지 질문하며 수업을 시작합니다. 대상이 중고등학생이다 보니 엉뚱한 대답이 돌아올 때가 많은데, 어느 날 이런 일이 있었습니다.

몇 해 전 일본의 다카사키야마 동물원에서 태어난 새끼 원숭이에게 영국 왕실의 로열베이비와 똑같은 '샬롯'이라는 이름을 붙이자 "영국 왕실에 실례다!"라는 불만이 쏟아졌습니다. 이 일에 대해 한 학생이 "선생님은 어떻게 생각하세요?" 하고 물었습니다.

예상하지 못했던 방향에서 공이 날아온 것처럼 생각지 못한 질문을 받는다면 여러분은 어떻게 대답하나요? 아마 대답을 하려 해도 순간적으로 당혹감을 감추기는 쉽지 않을 것입니다.

하지만 다케나카 선생님은 아무렇지 않은 듯, 오히려 이 질문을 시작으로 어느새 영국 왕실과 일본 황실의 공통점과 차이점을 설명하고 마지막에는 양국의 역사적인 관계까지 이야기로 풀어나갔습니다.

조금 어렵게 느껴질지도 모르지만, 예상치 못한 질문에 이렇게 멋진 반격을 할 수 있게 된다면 얼마나 좋을지 상상만으로도 통쾌하지 않나요?

지금까지 만나온 세계적인 인재들은 이런 뜻밖의 상황

을 마치 기다린 듯 즐겼습니다. 이 능수능란한 대처 능력은 도대체 어디에서 오는 걸까요?

이 책에서는 이제껏 함께 일하면서 알게 된 세계적인 인재들의 공통점을 하나씩 파헤쳐 새로운 '성공의 법칙'으로 정리하고자 합니다. 누구나 바로 실천할 수 있는 가이드로 생각해 준다면 더할 나위 없는 기쁨일 것입니다.

책을 읽으면서 '나도 할 수 있겠다' '나도 해 보고 싶다'는 생각이 드는 것부터 실천해 보기를 바랍니다. 한 가지씩 실천할 때마다 여러분에게 반드시 변화가 일어날 것입니다. 그리고 인생을 더 좋은 방향으로 이끌어나가는 결과도 함께 얻게 될 것입니다.

CONTENTS

**PART
1**

뜻밖의 상황에서
기지를 발휘하는 최고들의 공통 습관

PART 2

무슨 일이든 즐길 줄 아는
최고들의 8가지 습관

PART 3

어떤 시대든 이겨낼
힘을 기르는 최고들의 8가지 습관

PART 4

궁지에 몰렸을 때
더 강해지는 최고들의 8가지 습관

PART 5

세계에서 활약하는
최고들의 사고 습관

뜻밖의 상황에서
기지를 발휘하는
최고들의 공통 습관

항상 감사하는
마음으로 살아간다

앞서 언급한 세계적인 인재들은 갑작스러운 요청에도 항상 기대를 뛰어넘는 이야기를 들려준다.

와세다 학원은 4층에서는 학부모회의, 9층에서는 AO 전형 대비 수업, 10층에서는 학원 교육이 이뤄지는데 이따금 다양한 이벤트도 열린다.

세계적인 인재들이 방문할 때면 단 5분, 10분이라도 학부모와 학생들이 함께 시간을 보냈으면 하는 마음에 "각 층을 돌면서 조금씩 이야기를 들려주실 수 있을까요?"라는 무리한 부탁을 한다.

그러면 다들 흔쾌히 수락해 주실 뿐 아니라 학부모와 학생들에게 저마다 필요한 이야기를 들려주어 입이 쩍 벌어질 만큼 감동을 준다.

'도대체 어떤 트레이닝을 받아야 이런 대처 능력을 발휘할 수 있는 걸까?' 하고 항상 그분들의 숨은 비결이 궁금했는데, 이야기를 듣다 보니 누구나 따라할 만한 몇 가지 특징이 있다는 사실을 깨달았다. 물론 각자 개성이 담긴 이야기를 하고 있는 것처럼 보이지만 그 본질에는 한 가지 공통점이 있다.

어떤 주제든 항상 '자신의 이야기'를 중심으로 풀어나간다는 것이다.

일본 와세다대학의 12대 총장으로 아시아평화공헌센터 이사장이자 내 은사이기도 한 니시하라 하루오 선생님이 자신의 이야기를 들려주신 적이 있다.

"나는 어릴 때 어머니를 여의었네. 너무도 좋아하고 따랐던 어머니가 병상에서 내 손을 잡고 마지막으로 하신 말씀이 '하루오, 훌륭한 사람이 되거라'였어. 그때부터 '훌륭한 사람'이 되기 위해 정말 열심히 노력해 왔다네. 만약 '높은 사람이 되거라' 하고 말씀하셨다면 이미 이뤘다고도 볼 수 있겠지. 하지만 '훌륭한 사람'은 어림도 없어. 정말 어려워. 여든여덟이 넘은 지금까지도 계속 노력하고 있다네."

이 이야기를 들었을 때 마치 머리를 망치로 한 대 맞은 듯했다. 니시하라 선생님의 대단함이 어디에서 나오는지 알 것 같은 기분이 들었다.

니시하라 선생님은 최고위급 공로 훈장인 서보대수장을 받고 연호 제정(일본은 천황이 새로 즉위할 때)에 관한 간담회에 참가했을 정도로 일본 내에서 큰 영향력을 갖고 있다. 그런 선생님이 항상 마음의 중심에 품고 있었던 것은 무엇보다 이 세상에 자신을 낳아 주신 부모님에 대한 감사였던 것이다.

그리고 이제껏 자신을 믿어 준 사람들 덕분에 지금의 내가 있다는 마음을 늘 간직하고 있다.

지금 생각해 보면 모든 인재가 이런 마음을 품고 있는 듯하다. 나에게 주어진 지금이라는 시간은 부모님을 비롯해 여러 사람의 기대와 지지로 만들어진다.

마음속에 항상 감사가 있다면 언제 어느 때든지 자신의 중심을 잃지 않고 자유롭고 진심이 담긴 이야기를 할 수 있지 않을까.

단순히 이야기를 잘한다 못한다 같은 '방법'의 문제가 아니라 자신의 근원인 '마음가짐'이 무엇보다 중요하다는 점을 강조하고 싶다.

여러분도 자신의 지난날을 되돌아봤으면 한다. 가족, 친구, 은사, 직장 상사나 동료 등 타인과 자신의 관계를 다시 살펴보고 말로 표현해 보기를 바란다. 이런 경험이 하나둘 쌓이다 보면 어떤 상황에서도 당당하게 자신의 이야기를 할 수 있게 될 것이다.

자신의 가치를
의식하며 살아간다

2015년에 피카소의 〈알제의 여인들〉이 1억 7,900만 달러에 낙찰되어 화제를 불러 모은 적이 있다. 아무리 피카소의 그림이라지만, 그림 하나가 이런 엄청난 금액에 거래되었다니 예술 작품의 가격은 도대체 어떤 식으로 정해지는지 궁금해졌다.

따지고 보면 예술 작품만큼 가치를 평가하는 기준이 모호한 것은 없다. 예를 들어 서비스나 제품, 부동산은 '이건 너무 비싸다!' '이렇게나 저렴하다고?'와 같이 일반적인 가치 기준에 미루어 판단할 수 있다. 바로 비교 대상이 있느냐 없느냐의 차이다.

그렇다면 사람의 가치는 무엇으로 정해질까?

과거에 미국 캘리포니아의 애플 본사를 방문한 적이 있다. 애플 창업 초기 멤버로 교육 사업 부문 책임자인 존 카우치와 협의를 하기 위해서였다.

당시 디지털 뮤직 플레이어 시장의 선두를 달리고 있던 아이팟(iPod)이 엄청난 유행을 일으켰다. 이 아이팟에 영어 음성 교재를 설치해 와세다 학원의 모든 학생에게 나눠주고 영어를 가르치는 데 활용할 셈이었다.

이미 많은 사람이 알고 있겠지만, 애플 제품은 기본적으로 가격 할인이 없다. 하지만 와세다 학원의 모든 학생에게 나눠주려면 1만 대는 구매해야 했기에 마음속으로 '교육 목적으로 쓰려는 건데 적어도 10% 정도는 할인해 주겠지'라고 생각했다.

하지만 결과는 10%가 아닌, 겨우 3%의 할인뿐이었다. 대신 우리가 개발한 영어 교재를 아이팟에 설치하는 일은 당시만 해도 전례가 없을 만큼 드문 일이라 애플이 도맡아서 해 주기로 했다.

미팅 자리에서 카우치는 내게 어떤 물건을 보여줬는데, 바로 지금은 전 세계 사람들이 사용하고 있는 아이폰(iPhone)의 시제품이었다.

2006년이던 그때 당시만 해도 아이폰은 존 카우치와 스티브 잡스, 팀 쿡만 갖고 있던 특별한 것이었다. 아이폰을 건네받아 손에 쥐어 보니 군더더기를 없앤 심플한 디자인으로 지금의 아이폰과 비슷했다.

때마침 아이폰으로 전화가 걸려 왔고 카우치는 "아, 스티브다. 또 화내겠군. 잠시만 실례하겠소"라고 말하며 자리에서 일어났다.

아주 특별한 경험이었다. 무엇보다 그때는 겨우 3대 밖에 없던 아이폰을 불과 몇 년 만에 전 세계인에게 사랑받는 제품으로 성장시킨 애플의 다이나미즘(Dynamism), 그 역동성은 지금도 여전히 놀라울 따름이다.

아이팟이든 아이폰이든 애플은 제품의 가격을 할인하지 않고도 어떻게 꾸준히 판매를 이어나갈 수 있는 걸까? 사실 애플과 다른 제조사의 차이는 제품의 소매가격을 결정하는 프로세스에서 찾을 수 있다.

대체로 일반적인 제조사는 자사 제품의 가격을 '도매가격'과 '희망 소매가격'으로 나눠 설정하고 매장에서 판매하는 가격은 전적으로 소매점에 맡긴다.

이때 희망 소매가격은 어디까지나 희망일 뿐, 실제로 판매되는 가격은 소매점이 제품의 판매 상황에 따라 도매가격(소매점 입장에서는 매입가격) 밑으로 낮추지 않는 범위 내에서 자유롭게 할인을 적용할 수 있다.

애플 제품에는 바로 이 희망 소매가격이 존재하지 않는다. 직영점에서의 '판매가격', 소매점으로 넘기는 '도매가격', 소매점에서의 '판매가격'은 각각 몇 % 정도밖에 차이가 나지 않기 때문에 소매점에서는 가격을 낮춰 판매하고싶어도 불가능하다.

그렇다면 애플은 어떻게 이런 시스템과 프로세스를 구축하고 기존 제조사들과 다르게 가격을 설정할 수 있었을까?

애플은 항상 시장에 새로운 축을 만들어낸다. 아직 존재하지 않아 비교 대상조차 없는 혁신(이노베이션)을 만들어내는 애플 자체가 '가격 결정'의 기준점이 되는 것이다.

예술 작품 역시 혁신의 결정체다. 작품이 지닌 가치를

브랜드화해 나가는 과정이 애플과 완전히 일치한다고 할 수 있다.

사실 세계를 무대로 활약하는 인재들도 같은 관점을 갖고 있다. 나는 어떤 혁신을 만들어내고 있는가? 내 가치는 얼마인가? 항상 이런 의식을 갖고 행동한다.

여기서 중요한 점은 자기 자신을 평가할 때 다른 사람과 비교하지 않는다는 것이다. 나만이 할 수 있는 일은 무엇인가? 그 일은 다른 사람에게 도움이 되는가? 끊임없이 자신에게 질문을 던지고 답을 찾으려 노력할 때, 세상에 단 하나뿐인 자신만의 브랜드가 만들어진다.

여담이지만 드러커스쿨의 전 학장인 야마와키 히데키 선생님에게 경매사 양성 코스에 전 세계의 인재들이 모인다는 이야기를 들은 적이 있다.

경매사는 '가격 결정'의 출발점에 서 있는 사람들이다. 세계 최고의 비즈니스 스쿨에 그런 코스가 마련되어 있다는 것이나 그 코스에 수많은 인재가 참여하고 있다는 사실만 봐도 혁신 창조의 중요성을 다시금 확인할 수 있다.

여러분은 자신의 가치에 대해 생각해 본 적 있는가? 다른 사람과의 비교가 아니라, 자신만이 갖고 있는 가치에 대해 꼭 한 번 생각해 보기를 바란다. 그리고 어떤 방법으로 그 가치를 더 끌어올릴 수 있을지 고민해 보자.

오로지 습관하라

스스로 과제를 찾아
해결하고 성취한다

잠시 다음 문제에 대해 생각해 보자.

문제 1 '도라에몽'이 아무리 뛰어난 기술로 만들어졌어도 생물로 인정받은 적은 없다. 그 이유를 설명하라.

이것은 2013년에 일본의 한 중학교 이과 입학시험으로 출제된 문제다. 아무리 봐도 초등학생을 대상으로 낸 문제라고는 생각하기 힘들다. 어른조차도 머리를 싸매게 하고 단순 암기로는 도저히 답을 낼 수 없는 문제다.

> **문제 2** 시애틀의 모든 유리창을 닦는다고 할 때 당신은 얼마를 청구할 것인가?

이건 구글의 입사시험 문제다. 언뜻 퀴즈처럼 보이지만 모범 해답도 없고 지금까지 어디에서도 본 적 없는 문제다.

> **문제 3** 자동판매기 안에 사람이 들어가 있지 않다는 사실을 증명하라.

> **문제 4** 당신이 일본의 총리대신이 된다면 가장 먼저 어떤 정책을 펼칠 것인가?

문제 3은 도쿄공업대학의 명예교수인 히로세 시게오 선생님의 슈퍼 로보틱스 프로그램(현 하이봇의 Design & Creation Program)의 선발시험, 문제 4는 다케나카 헤이조 세계 학원의 선발 면접시험에서 출제된 것이다.

어떤 문제든 모두 '새로운 시대의 입시' 형태라고 할 수 있다. 앞으로는 입학이나 입사시험에 이런 문제가 많이 출제되지 않을까 싶다. 실제로 AO 전형과 구글의 입사시험 등에서 출제되기 시작했다.

일본형 입학사정관제인 AO 전형은 'Admissions Office'의 줄임말로, 일반적으로 '입시사무처'로 해석된다. 해외의 사례를 보면 입학관리처에 해당하는 아주 중요한 부문으로, 미국의 아이비리그 등에서 시행되고 있는 전형이라고 볼 수 있다.

AO 전형은 주로 각 학과의 필기시험 점수로 합격과 불합격을 결정하는 일반적인 입학시험과는 달리 조사서(학교생활 내용을 조사하여 기록한 서류), 지원동기서, 포트폴리오(학습 과정이나 성과 등을 기록한 리포트), 면접, 소논문 등 다방면의 평가를 종합해 합격 여부를 판단하는 시험이다.

일본에서는 1990년에 처음으로 게이오기주쿠대학 쇼난후지사와 캠퍼스(SFC)에서 시행된 이후 주로 사립대학 사이에 널리 퍼져나갔는데, 2016년부터는 국립 도쿄대학이나 교토대학에도 도입됐다.

이런 시험 문제를 통해 출제자는 수험생의 어떤 면을 보려고 하는 걸까?

특히 미국 대학에서는 '앞으로 다가올 시대에 필요한 인재'를 찾으려는 목적으로 학생들을 선발한다. 인재를 가려내는 데 중요한 역할을 하는 것이 바로 이 AO 전형이다.

국가의 비전을 세우고 시스템을 만들기 위해 사람이 '자산'인 시대에 필요한 인재들을 입도선매하는 것이다. 미국이 여러 개혁이나 발명에 앞장서고 있는 이유 중 하나도 이 AO 전형이라고 할 수 있다.

다시 말해 사회가 필요로 하는 우수한 인재를 골라 채용하는 것이다. 뒤늦게 일본도 그 효력을 깨달아 AO 전형을 도입했다.

하지만 AO 전형이 적용되던 1990년대 합격자들의 성향과 요즘 합격자들의 성향은 완전히 다르다. 평가 기준이 달라졌다기보다는 세상이 바라는 인재상이 바뀌었다.

AO 전형으로 합격자와 불합격자를 가리는 것은 상당히 수고스러운 일이다. 학교가 그런 수고를 감내하고서라도 지원동기나 포트폴리오를 일일이 확인하며 대학과 수험생 사이의 가장 적절한 접점을 찾는다. 인재를 가려내는 노력이 쌓여 미래의 국력을 만드는 것이다.

AO 전형으로 합격한 학생들 중에는 대학 졸업 후 사회에서 눈부신 활약을 보이는 사례가 많다. 이들에게는 '학창 시절에 일찍이 자신의 길을 찾았다'는 공통점이 있다.

또 자신이 좋아하는 일로 합격을 거머쥐었다는 성취감과 자신만의 강점도 잘 알고 있어서 천하무적에 가깝다.

스스로 과제를 찾아 해결하고 성취해나가는 힘은 모두 지금 이 시대에 꼭 필요한 스킬이라고 할 수 있다.

주저 없이
결단을 내린다

"리더에게는 결단력이 요구된다. 그리고 가장 마지막에 그 결단을 좌우하는 것은 지식이 아닌 '교양'이다."

국제교양대학의 설립자인 故 나카지마 미네오 선생님이 생전에 들려준 이야기다. 나카지마 선생님은 국제교양대학이라는 이름에 강한 애착을 보였다. 예전부터 국제 공용어인 영어로 리버럴 아츠(Liberal Arts, 기초 교양)를 가르치는 대학교를 설립하고 싶다는 꿈이 있었다.

이를테면 일류 바이올린 연주자를 강사로 초빙해 실제 연주를 들으며 세계의 음악과 문화를 배우는 예술 교육에 힘을 쏟았다.

예술이 머리로는 이해하기 어려운 분야이다 보니 시간 낭비라고 여기는 사람도 있겠지만, 나카지마 선생님은 아주 중요하게 여겼다.

지금 국제교양대학은 일본을 대표하는 글로벌 대학이다. 기업에서도 국제교양대학 졸업생들은 높게 평가한다. 실제 사회에서 활약할 수 있는 리더십을 가진 인재들을 배출하고 있다는 사실을 잘 드러내는 증거인 셈이다.

어느 여름 나카지마 선생님의 집을 찾아간 적이 있다. 마침 그날은 연휴라서 가족들이 모두 모여 있었다.

약속 시간보다 일찍 도착해 그곳에서 조금 떨어진 곳에서 시간이 가기를 기다리고 있었다. 그런데 갑자기 문 앞으로 나카지마 선생님이 나왔다. '무슨 일이지?' 하고 의아하게 여겨 가만히 살펴보니 선생님이 직접 현관 앞에 물을 뿌리고 있었다.

일본에서 집 앞에 물을 뿌린다는 것은 땅의 열기를 식혀 기온을 낮추거나 먼지를 가라앉히는 등 손님을 배려하는 마음에서 나오는 행동인데, 설마 나를 위해서 이렇게까지

해 주시리라고는 생각하지도 못했다. 나카지마 선생님의 인품이 여실히 드러나는 순간이었다. 그 모습은 지금도 머릿속에 선명하게 남아 있다.

감동은 거기서 끝이 아니었다. 시간이 다 되어 응접실에 들어가니 가족들이 모여 비올라, 첼로, 바이올린으로 구성된 뛰어난 현악 삼중주를 들려주는 것이 아닌가.

가족 모두가 악기를 잘 다룬다는 사실도 놀라웠지만 나카지마 선생님이 그 상황에서 할 수 있는 최선을 다하고 있다는 사실에 감명을 받았다. '방법'이 아니라 '마음가짐'이 얼마나 중요한지를 알려주는 순간이었다.

내가 전화한 타이밍과 가족이 모두 모이는 연휴가 우연히 겹친 상황에서 그 우연조차도 플러스 요인으로 만드는 결단을 내리신 것이다. 미래에 무슨 일이 벌어질지는 아무도 예측할 수 없지만 예정된 일은 적극적으로 활용하면 얼마든지 긍정적인 결과를 만들 수 있다.

'손에 넣지 못하는 것을 더 간절히 바라게 된다'는 말처럼 'OO하면 좋을 텐데…' 하고 막연한 기대를 품고 기다리기보다는 실제로 눈앞에 놓인 상황을 활용해 자신이 꿈꾸는 미래를 만들어가는 것이 더 현실적이라고 할 수 있지 않을까.

이런 마음가짐이 초일류 인재들의 비결이다.

사실 나는 이 비결을 갖고 있는 사람과 그렇지 않은 사람을 구별할 수 있다. 말과 행동에서 결정적인 차이가 나타나기에 가능한 일이다.

무언가 새로운 방법을 제안했을 때 그 자리에서 '한다, 안 한다'를 결정하는지, '추후 검토'를 요청하는지의 차이다.

지금까지 만난 일류 인재들은 무조건 "좋네요, 해 봅시다" "그렇게 하기는 어려울 것 같은데, 이렇게 하면 어떤가요?"라고 말하며 그 자리에서 답변하고 곧바로 일을 진행했다.

추후 검토를 요청하는 사람들은 대부분 일이 잘 풀리지 않거나 그 이후에도 특별한 활약을 보이지 않았다.

나카지마 선생님도 어떤 일을 상의하면 반드시 "한번 해 보지요" 하고 답하고는 곧바로 담당자에게 전화를 걸어 약속을 잡거나 일이 진행되도록 도와주었다.

세계적인 로봇 공학의 권위자이자 로봇 분야의 최고봉인 조셉 엥겔버거 로보틱스상을 수상한 도쿄공업대학의 명예 교수인 히로세 시게오 선생님도 마찬가지로 고등학생이 최첨단 로봇 공학을 배우는 일본 최초의 연계 프로그램에 대해 이야기했을 때 흔쾌히 승낙하며 뜻을 함께해 주었다.

게이오기주쿠대학의 환경정보학부 학부장이자 인터넷의 아버지로 불리는 무라카미 준 선생님 역시 마찬가지였다.

순간적으로 결단을 내린다는 것은 리더의 자질을 평가받고 스스로 책임을 지기로 결심하는 일이기도 하다. '판단을 내려야 할 때 주저하지 않겠다'고 다짐하고 자기 안에서 일어날 변화를 지켜보기만 해도 이미 여러분은 세계적인 인재로 나아가는 데에 한 걸음 더 가까워진 것이다. 반드시 경험해 보기를 바란다.

나이를 뛰어넘는
열정이 있다

2015년에 록펠러 재단이 설립한 아시아문화위원회(Asian Cultural Council, ACC)의 초대로 미국 대사관에서 열린 케네디 대사의 연회에서 도널드 킨(Donald Keen)을 만난 적이 있다.

킨은 컬럼비아대학의 명예 교수로 일본 문학 연구의 일인자로 인정받는 세계적인 석학이다. 아흔을 넘긴 나이에도 몸에 딱 맞는 슈트에 타이를 매고 등을 꼿꼿이 세운 모습이 여전히 열정으로 가득해 보였다.

또 세계적인 무대예술가로 이름을 높인 故 아사쿠라 세

쓰 선생님과 자주 식사하는 자리를 가졌다. 선생님은 2006년에 문화 공로자로 선발됐을 정도로 일본 연극계를 대표하는 열정적인 분이었다.

언젠가 "선생님 인생에서 중요한 일은 뭔가요?" 하고 물었을 때 선생님이 들려주신 짤막한 대답이 지금까지 마음에 남아 있다.

"열정이지. 사람은 이게 없으면 안 돼."

꼭 하고야 말겠다는 마음, 자기 안에 열정이 있느냐 없느냐가 중요하다는 말이다.

확실히 아사쿠라 선생님은 무슨 일에든 열정을 불태우는 분이었다. 뉴욕 거리를 좋아하고 음식에 대한 열정도 대단했다. 저갯 서베이(미국에서 발간되는 세계적인 권위의 레스토랑 가이드북)에서 본 맛집을 찾아서 여기저기 돌아다니던 기억은 지금도 그리운 추억이다.

오랜 시간 비행기를 타고 현지에 도착한 날 밤, 포시즌 호텔의 로브숑 레스토랑에서 풀코스 요리를 남김없이 다 먹었을 때, 선생님의 나이는 무려 여든일곱이었다.

앞서 이야기한 두 사람에게서 보이는 공통점은 무엇일까? 아마도 처음부터 '정년'이라는 개념에 얽매이지 않았다는 것이다.

지금까지 만난 일류 인재들은 하나같이 은퇴 후의 모습을 상상하기 어려웠다.

그들이 가진 열정과 호기심이 삶의 중심에 자리 잡고 있어 '정년'이나 '은퇴'와 같은 발상 자체가 떠오르지 않는다. 정년퇴직은 누군가가 정한 규칙일 뿐이다. 바꿔 말하면 타인이 정한 기준에 맞춰 살 것이냐 자신이 만든 기준을 따라 살 것이냐의 선택 차이라고 할 수 있다.

평생 열정을 간직한 채로 살고 싶다면 건강을 유지해야 한다. 그래서 세계적인 인재들은 건강을 위한 투자를 아끼지 않는다.

여러분은 정년이 있는 인생과 정년이 없는 인생 중 어떤 인생을 살고 싶은가? 앞으로는 의료 기술의 발달로 100세, 120세까지 사는 시대가 온다고 한다. 90세에 자신이 어떤 모습으로 살고 있을지 한 번쯤 상상해 보면 어떨까.

서툴고 자신 없는 일에도
끊임없이 도전한다

'세계적인 인재들은 태어나면서부터 모든 일에 완벽해서 아무리 애를 써도 이길 재간이 없어.'

혹시 이런 생각을 한 적은 없는가? 천재적인 사람들을 보고 있으면 마치 다른 세상에 살고 있는 것처럼 느껴진다. 하지만 알고 보면 그렇지 않다.

글로벌 엘리트 육성을 위해 다케나카 선생님과 함께 설립한 다케나카 헤이조 세계 학원에서는 우리 회사가 개발한 극적 요소를 활용한 표현력 양성 워크숍인 '시어터 러닝'을 도입하고 있다.

간단히 말하자면 온가쿠자 뮤지컬(독자적인 창작 프로세스로 작품을 만들어내는 일본 뮤지컬 극단)의 프로 무대에 서는 배우가 조력자(퍼실리테이터)가 되어 참가자가 세계 무대에 걸맞은 행동과 커뮤니케이션 능력을 키우도록 돕는 교육이다.

해외에서는 이런 극적 요소를 도입한 엘리트 교육이 일반적으로 이뤄지고 있지만 일본에서는 아직 그다지 보편적이지 않다.

'시어터 러닝'은 이름만 들어도 어쩐지 '평범하지 않을 것 같다'는 느낌이 들 것이다. 물론 조용히 앉아 있기보다는 실제로 발성을 하거나 몸을 움직이며 배워야 해서 부담을 느끼는 사람도 더러 있다.

실제로 세계 학원의 학생들이 수업을 들을 때였다. 그날 일정은 오전에는 시어터 러닝, 오후에는 다케나카 선생님의 수업으로 짜여 있었다.

오후 수업이 시작되자 선생님은 학생들에게 시어터 러닝에 관해 물었다. 예정되어 있던 질문이 아니었기 때문에 학생들은 미리 대답을 준비할 시간이 없었다.

그런데도 아무 망설임 없이 한 사람씩 자신의 생각을 말하기 시작했다. 열띤 기세로 이야기하는 모습을 보고 선생님은 이렇게 말했다.

"갑작스러운 질문에 이렇게까지 발표를 잘해 주리라고는 생각지도 못했습니다. 여러분의 변화가 정말 놀랍네요. '눈에 보이는 게 전부가 아니다. 사람에게는 저마다 자신도 모르는 모습이 있다'는 말처럼 숨겨져 있던 모습을 끌어내 주는 게 바로 시어터 러닝이군요."

"사실 저는 시어터 러닝 같은 체험형 워크숍에 익숙하지 않습니다. 솔직히 말하면 가능한 한 피하려고 했지요. 하지만 여러분을 보니 저도 도전하고 싶어지네요. 서툴러도 해봐야 성장할 수 있고 피하기만 해서는 스스로 한계선을 긋는 것이나 다름없을 테니까요. 다음에는 시간이 되면 여러분과 같이 참여해 보고 싶네요."

설마 다케나카 선생님의 입에서 이런 말이 나오리라고는 생각도 하지 못했다. 선생님은 고이즈미 내각에서 일본의 구조 개혁을 추진했고, 경제 정책의 세계적인 권위자로 지금도 정부의 전문가 회의에서 발표를 하고 계신 분이다.

그뿐 아니라 세계 경제포럼인 다보스포럼에서 세계 각

국의 리더들과 교류하는 일본 대표이기도 하다. 그런 다케나카 선생님이 학생들 앞에서 자신의 '취약점'을 드러내고 도전하겠다고 선언한 것이다.

선생님 정도면 인생의 한 획을 그었다고도 할 수 있다. 구태여 새로운 일에 도전하지 않아도 지금까지 이뤄온 공적만으로도 충분히 풍요로운 생활이 보장되어 있다. 그런데도 선생님은 지금에 안주하지 않고 항상 도전하는 마음을 갖고 있다. 나는 여기서도 세계적인 인재들의 본질을 발견했다.

그들은 단지 좋아하는 일이나 하고 싶은 일을 통해서만 성공을 얻으려 하지 않는다. 물론 정말로 원하는 일은 끝까지 노력해서 이루지만 하기 싫은 일이나 서툰 일도 솔직하게 인정하고 정면으로 부딪친다.

세계적인 인재들에게도 우리와 마찬가지로 취약점이 있다. 여러분도 서툴고 자신 없는 일에 더 당차게 도전해 보면 어떨까. 어렵다고 생각했던 난관을 넘어서면 드넓은 길이 펼쳐져 있을지도 모른다.

다음 세대를 향한
메시지를 품고 있다

세계적인 인재들은 자신의 인생만을 생각하지 않는다. 사람은 누구나 앞으로 어떻게 살아나가야 할지 고민한다. 때로는 주변 사람들의 인생을 함께 고민하기도 한다.

하지만 세계에서 활약하는 인재들의 생각은 세대를 초월한다. 즉 자신들이 살아가는 현재에만 머물지 않고, 같은 세대는 물론 더 나아가 자녀 세대와 손주 세대까지 생각한다.

와세다 학원을 경영할 때 세계적으로 이름을 알린 분들에게 학부모와 학생들을 위한 강연을 여러 차례 부탁했다. 먼저 내가 원하는 대로 강연 주제를 정하고 나서 적합한 강연자를 모집하는데, 구체적인 주제는 당일 칠판에 붙어 있는 포스터 봐야 알 수 있다.

불친절한 방법일지도 모르지만 강연자들이 순간적으로 떠오른 생각을 이야기할 때의 매력은 아주 크게 다가온다.

감사하게도 아무도 "좀 빨리 알려 주시지"라는 말을 한 적이 없다. 모두 "그런 주제군요. 잘 알겠습니다" 하고는 곧바로 이야기를 시작하는데, 마치 미리 준비라도 한 듯 아주 흥미롭다.

이처럼 세계적인 인재들은 어떤 주제든 이야기를 술술 풀어낸다.

그들의 이야기에는 반드시 다음 세대를 향한 메시지가 담겨 있다. 앞에서 말한 대로 '자신의 이야기'를 중심으로 이끌어나간다.

자신의 이야기를 하다 보면 자신에게 주어진 지금이라는 시간이 어떻게 해서 만들어진 것인지 되돌아볼 수 있다. 고마운 분들, 자신을 길러준 부모, 그리고 부모를 낳아주신 조부모까지 하나하나 떠올리다 보면 자연스레 '다음은 내 차례다'라고 생각하게 된다.

이제껏 받은 것에 대해 감사하는 마음이 있다면 이번에

는 자신이 베풀 차례라는 인식이 생긴다. 자신의 행동이 다음 세대 그리고 그 다음 세대로 이어진다고 자각하면 저절로 메시지에 힘이 실린다.

한때 마인드풀니스의 일인자인 스탠퍼드대학 스티븐 머피 시게마쓰(Stephen Murphy-Shigematsu) 선생님에게 남아프리카 공화국의 줄루족 인사인 'SAWUBONA'를 배운 적이 있다.

SAWUBONA는 We see you라는 의미다. 'We'는 나와 내게 지금을 선물해 준 선조, 'you'는 당신과 당신에게 지금을 선물해 준 선조를 뜻한다.

일상의 인사 속에 자신들이 과거와 현재로 이어진 관계 속에서 살아가고 있다는 철학이 담겨 있는 것이다. 세계적으로 평가받는 인재들의 내면에는 이런 의식이 깃들어 있다.

사람은 누구나 과거와 미래에 걸쳐 이어져 있다. 이 사실을 의식하느냐 아니냐로 큰 차이가 생긴다면 어느 쪽을 선택하겠는가? 여러분도 자녀나 손주 세대에 전할 메시지를 생각해 보고 직접 말로 표현해 보기를 바란다.

무슨 일이든
즐길 줄 아는
최고들의 8가지 습관

타인의 평가를
신경 쓰지 않는다

사람들을 보면 타인의 평가를 원하면서도 한편으로는 두려워한다. '저 사람이 나를 어떻게 생각할까?' 하고 무척이나 신경 쓴다.

사회적인 분위기나 환경 탓도 있겠지만 대체로 '타인'을 의식하는 경향이 아주 강하다. 게다가 항상 '어떻게 대답해야 좋은 평가를 받을 수 있을까?' 하는 고민을 안고 살아간다.

대학이나 직장을 결정하는 큰일을 앞두고도 주위의 평가에 크게 좌우된다. 내가 이렇게 하면 주변 사람들이 '어떻게 생각할까?' '반응은 괜찮을까?'와 같은 기준을 가장 중요하게 생각한다. 이따금 어떻게 하면 인기를 끌 수 있을지 의식할 때도 있다. 자신의 평가보다 타인의 평가를 더 신경 쓰는 것이다.

이제 더 이상은 주변 사람들의 평가를 신경 쓰지 말자.

세계적인 인재들은 타인의 시선을 전혀 의식하지 않는다. 다른 사람의 평가에 좌우되기보다는 오히려 주도적으로 인생을 펼쳐나가는 데 훨씬 집중한다.

이를테면 직업을 선택할 때도 단순한 '취직'이 아니라 스스로 직업을 만드는 '창직'을 목표로 삼는다. 실리콘 밸리에 기업가가 많은 이유도 일이 인생을 넓게 펼쳐나가는 하나의 수단이기 때문이다.

타인이 정해 준 틀에 맞추려 하지 말고 스스로 새로운 일의 형태를 만들어 보자. 그 과정에서 보고 듣는 모든 것이 인생의 자양분이 된다.

2011년에 미국 듀크대학의 캐시 데이비슨(Cathy Davidson) 교수는 "올해 초등학교에 입학한 아이들의 65%가 아직 존재하지 않는 새로운 직업을 갖게 될 것이다"라고 말했다.

또 그 아이들이 일하기 시작할 무렵에는 직업의 절반가량이 창업으로 만들어진다는 예측도 있었다. 2027년에는 지금 있는 직업의 절반 이상이 없어지고 취직보다는 스스로 일을 만들어내는 창직이 주를 이룬다고 한다.

이제 더 이상 회사에 자신을 억지로 끼워 맞추지 않아도 된다. 쉽게 말해 회사에 길들여지는 '사축'이 될 필요가 없다. 또 타인을 지나치게 신경 쓸 필요도 없다. 그렇다고 눈치 없는 꽉 막힌 사람이 되라는 말이 아니다. 지금보다 더 자신을 인생의 중심에 두는 '자기본위'의 삶을 살자는 의미다.

'나는 어떤 일을 하고 싶은가?'에 초점을 맞추고 타인에게 평가받는 인생이 아니라 스스로 만족할 만한 인생을 선택한다. 세계적인 인재들은 이런 습관을 생활화하고 있다.

전지적 관점을
활용한다

일본 정신의 정수를 표현한 완성도 높은 작품으로 인정받은 소설가 가와바타 야스나리의 대표작 《설국》(눈 내린 시골의 한 마을을 배경으로 기생 여인의 슬프지만 순수하고 지순한 사랑을 그린 작품)의 첫 구절이다.

국경의 긴 터널을 빠져나오자 설국이었다.

가와바타 야스나리가 "내 노벨문학상의 절반은 그의 몫이다"라고 말할 만큼 결정적인 공헌을 한 일본문학 번역가 에드워드 사이덴스티커(Edward George Seidensticker)는 이 문장을 영어로 이렇게 옮겼다.

The train came out of the long border tunnel into the snow country.
열차는 국경의 긴 터널을 나와 설국으로 들어섰다.

원문과 번역문의 차이점이 보이는가?

일본어 문장은 주인공이 실제로 열차에 타고 있는 것처럼 묘사하고 있다. 마치 자신이 몸을 싣고 있던 열차가 터널에 들어갔다 나왔을 때 눈앞에 설국이 펼쳐졌다고 말하는 듯한 뉘앙스다. 여기에는 '1인칭 관점'이 숨어 있다.

반면 영어 문장은 마치 위에서 내려다보고 있는 것처럼 묘사하고 있다. 새처럼 날개를 치고 하늘을 날면서 '저 열차는 터널을 빠져나와 설국으로 향하고 있군' 하고 말하듯 '전지적 관점'으로 바라보는 뉘앙스가 담겨 있다.

일본어 표현이 주관적이라면 영어 표현은 객관적이라고 할 수 있다.

나무만 보는 1인칭 관점뿐 아니라 숲 전체를 살펴보는

전지적 관점도 함께 의식해 보자. 두 가지 관점을 함께 활용하다 보면 시야와 생각의 폭이 한층 더 넓어질 것이다.

또 하나의 나에게
질문을 던진다

앞에서 언급한 전지적 관점을 갖는 것은 바꿔 말하면 '메타인지' 능력을 갖는다는 의미로도 이해할 수 있다.

메타인지란 어떤 일을 할 때 머릿속에 있는 '또 하나의 내'가 나를 감시하고 컨트롤하는 것을 말한다.

일본의 축구 선수 혼다 케이스케는 AC밀란에 이적하기로 한 이유를 묻자 이렇게 답했다.

"마음속에 있는 꼬마 혼다가 '밀란에서 뛰고 싶다'고 하더군요. 그래서 결심했습니다."

그가 말한 '꼬마 혼다'에 바로 '메타'의 개념이 담겨 있다.

뛰어난 배우들은 메타인지를 아주 능숙하게 활용한다. 내가 좋아하는 여배우 중 한 명인 故 타카미네 히데코는 "자신의 모습을 위에서 내려다보듯 객관적으로 평가하지 못한다면 일류 배우라고 할 수 없다"라고 말하며 항상 이 말을 지키려 노력했다고 한다.

자신의 모습을 위에서 내려다본다는 말은 결국 메타인지 능력을 발휘한다는 의미다. 동시에 전지적 관점을 갖는다는 뜻이기도 하다. 두 가지 모두 앞으로 우리에게 꼭 필요한 소질이다.

연기를 할 때는 '시늉'이 아니라 자신의 '일상'을 드러내야 한다. 일류 배우들은 이 사실을 잘 알고 있다. 꾸며낸 연기로 자신의 진짜 모습을 숨길 수 있다는 생각은 잘못되었다. 자신을 있는 그대로 드러내야 사람들의 마음을 사로잡고 감동을 줄 수 있다.

일본 전통 가무극인 노의 예술이론가 제아미는 이 사실을 '이견(離見)의 견(見)'이라는 말로 표현했다. 관객이 바라보는 배우의 연기는 '타인의 눈에 비친 객관적인 자신의 모습'과도 같다는 말이다.

즉 자신의 모습을 객석에 있는 관객의 눈으로 볼 줄 알아야 하고, 더 나아가 자신의 관점이 관객의 관점과 일치하는 것이 중요하다는 의미를 담고 있다.

지금까지 '시어터 러닝'을 활용해 많은 기업에서 연수를 진행했다. 심부름으로 가게에 찾아온 아이에게 실수로 거스름돈을 잘못 건네 부모에게 항의 받는 설정으로 수업할 때였다. 아이의 부모가 가게로 찾아와 다른 방에서 이야기를 나누는 장면이었는데, 참가자들의 감정이 차츰 고조되더니 이윽고 연극인지 현실인지 분간이 안 되는 상황에 이르렀다.

처음 수강생들에게 연기를 해 달라고 하면 대부분 '시늉'부터 시작한다. 앞에서 말한 대로 연기는 시늉이 아니라 자신의 일상을 드러내는 것이기 때문에 시늉만 할 때는 처음부터 다시 하게 한다.

수강생들은 '이게 아니라고? 그럼 이번에는 이렇게 하면 되나?' 하는 가벼운 마음으로 다른 역할로 또다시 '시늉'을 한다. 하지만 번번이 지적을 받자 차츰 감정이 격해진다.

사람은 벽에 부딪혔을 때 '본질'이 드러나는 법이다. 어떤 사람은 "그럼 도대체 어떻게 하라는 거야!" 하고 흥분하며 울음을 터뜨리거나 소리친다. 더 이상 수업을 진행하지 못하고 끝나버리는 사람이 있는가 하면 반대로 상황을 극복하고 한 단계 더 나아가는 사람도 있다. 있는 그대로의 자기 모습을 편하게 드러낼 수 있게 되는 것이다. 그런 사람은 '또 하나의 나'에게 질문을 던질 수 있는 사람, 전지적 관점으로 바라볼 줄 아는 사람이다.

어떤 계기든지 또 하나의 나, 자신의 본심을 깨닫는 것은 아주 중요하다.

살아 있는 정보를
확인한다

인터넷의 발달로 요즘에는 외국에 나가지 않고도 여러 나라의 정보를 쉽게 접할 수 있다. 하지만 그것만으로는 '진짜 정보'를 얻을 수 없다.

인터넷이나 TV, 신문과 같은 매체들은 반드시 필터를 거치는데, 그 과정에서 대부분 작성자의 의도가 개입된다. 특히 인터넷 검색은 이용자의 습관에 맞춰지기 쉽다 보니 편리하지만 정보가 편중될 가능성도 있다.

같은 상황을 눈앞에 두고도 사람마다 느끼고 받아들이는 방법은 천차만별이다. 어떤 사건을 경험할 때 자신이 어떻게 느끼는지가 가장 중요하다. 그래서 직접 피부로 정보를 확인해야 하는 것이다.

도널드 트럼프가 미국 제45대 대통령으로 당선되던 해, 일본에서는 대통령 선거 결과가 발표되기 직전까지도 대항마인 힐러리 클린턴이 우세하다는 여론이 일었다.

하지만 나는 피부로 얻은 정보를 갖고 있었기 때문에 '트럼프의 승리'를 예감했다. 선거가 치러지기 전 미시간주 디트로이트와 오하이오주, 플로리다주에 출장을 갔을 때, 현지에는 예상을 뒤엎는 분위기가 감돌았다. 세상에 대해 잔뜩 불만을 품고 있는 사람들을 보면서 언제 반발이 일어나도 이상하지 않다는 느낌을 받았다.

'이 사람들은 지금의 정치에 분명 만족하지 않고 있어. 현재 상황이 바뀌기만을 기다리고 있겠지. 그렇다면 기존 정치를 그대로 답습할 힐러리가 아니라 트럼프에게 새로운 기대를 품고 지지하지 않을까?' 하고 생각했다. 실제로 미시간주와 오하이오주, 플로리다주에서는 트럼프가 승리를 거머쥐었다.

만일 뉴욕이나 캘리포니아를 갔더라면 설마 트럼프 후

보가 이기리라고는 생각지도 못했을 것이다. 미시간주, 오하이오주, 플로리다주에 있었기 때문에 '생생한 현지의 감각'을 체험할 수 있었다.

실제로 〈뉴욕타임스〉나 〈로스앤젤레스 타임스〉에서도 '압도적으로 힐러리 후보가 우세하다'고 보도했다. 멀리서 보기만 해서는 알 수 없는 정보가 너무나도 많다.

직접 현지로 가서 정보를 얻으면 다양한 것들을 배울 수 있다. 데라야마 슈지의 《책을 버리고 거리로 나가자》(이마고, 2005년)와 아즈마 히로키의 《약한 연결》(북노마드, 2016년)에도 비슷한 이야기가 나온다.

인터넷이나 TV, 신문, 책으로만 얻는 불확실한 정보가 아니라 실제 현장에 나가 필터를 거치지 않은 '살아 있는 정보'를 직접 느껴 보기를 바란다.

강한 행동력을
발휘한다

트럼프 미국 대통령이나 故 스티브 잡스를 비롯해 성공하는 많은 사람에게서 공통적으로 나타나는 특징이 있다.

바로 '만나고 싶다면 직접 만나러 가는 행동력'이다.

한때 일본 소프트뱅크의 대표 손정의가 미국 대통령에 당선되기 전의 트럼프를 만나러 간 일이 화제가 된 적이 있다.

손정의의 '행동력'은 고등학생 때부터 탁월했다고 한다. 당시 일본 맥도널드 사장이었던 후지타 덴의 저서를 읽고 감동해 그를 만나기 위해 매일 맥도널드 재팬에 전화를 걸었다.

하지만 비서에게 번번이 가로막히자 '전화보다는 직접 찾아가는 게 빠르겠다'라는 생각에 곧바로 비행기를 타고 상경해 마침내 그토록 만나고 싶어 하던 후지타 덴과 만났다.

후지타 덴 사장은 손정의에게 "컴퓨터와 영어를 열심히 공부해 두거라. 곧 세계적으로 컴퓨터 비즈니스가 유행하는 시대가 온다. 내가 네 나이였으면 컴퓨터를 공부했을 것이다"라고 조언했다. 어쩌면 그 말이 오늘날의 손정의를 있게 한 원동력인지도 모른다.

손정의의 '행동력'은 트럼프와의 면담에서도 고스란히 발휘되었다. 미국이든 도쿄든 이동 거리는 중요하지 않다. 그의 삶의 방식에는 '만나고 싶다면 직접 만나러 간다'는 의식이 항상 전제되어 있다. 이런 사고방식을 가진 사람은 그 누구도 쉽게 이길 수 없다.

세계적인 인재들에게는 '어떤 상황이든 즐긴다'는 공통점이 있다. '그렇지 않으면 인생이 너무 시시하잖아'라고 생각하는 듯하다. 만나고 싶은 사람이 있다면 주저하지 말고 연락해 보자. 지금까지와는 다른 새로운 길이 열릴 것이다.

또 일본 팬터마임의 일인자인 요네야마 마마코와도 같이 일한 적이 있다. 요네야마와의 인연은 아주 우연한 계기로 시작됐다. 우연히도 스태프 중 한 명이 살고 있는 아파트의 전 주인이었던 것이다.

처음 등기부 등본에 적힌 이름을 봤을 때 '보통 인연이 아닌 것 같다'는 생각이 들어 바로 편지를 보냈다. 뜻밖의 우연에 놀란 요네야마는 선뜻 시간을 내주었고, 만나서 이야기를 나누다 자연스레 비즈니스로 이어졌다.

여러분에게는 만나고 싶은 사람이 있는가? 우선 그 사람에게 '러브레터'를 써 보자. 그리고 약속을 정해 직접 만나자. 행동력으로 만들어지는 긍정적인 결과를 경험하다 보면 자신을 가두고 있는 틀을 깨고 경계를 허물 수 있게 된다.

앞에서 말한 애플 본사를 방문했을 때의 일이다. 점심을 먹으려고 안내받은 카페테리아에 갔다가 스티브 잡스를 보게 됐다. 병상에서 복귀한 지 얼마 되지 않았을 때인 듯했다. 스티브 잡스는 어깨에 힘이 축 빠진 채 벤치에 앉아

인자한 눈길로 먼 곳을 응시하고 있었다.

나는 순간적으로 인사를 나누고 싶어 그에게 가까이 다가가려고 했다. 그때 같이 있던 스태프가 "하지 마세요. 이제껏 협의한 게 모두 물거품 될 수도 있어요!"라고 말하며 나를 말렸다.

스티브 잡스는 까다롭기로 소문난 사람이라 처음 보는 낯선 일본인이 사전 약속도 없이 갑자기 말을 걸면 어떤 상황이 벌어질지 예측할 수 없었다.

스태프의 순간적인 판단 덕분에 협의한 일은 순조롭게 진행됐지만 지금에 와서 생각해 보면 역시 그때 만류를 뿌리치고서라도 말을 걸었어야 했던 것 아닐까 하는 후회가 남는다.

만나고 싶은 사람을 만날 기회는 그리 흔하게 찾아오지 않는다. 지나고 나서 후회하지 말고 우연히라도 기회가 주어진다면 놓치지 말고 꼭 잡기를 바란다.

느끼는 대로
행동한다

어린 시절 '신중하게 생각하고 행동해야 한다'는 말을 들은 적 있는가. 물론 때로는 신중하게 생각할 필요도 있다. 하지만 지금 시대에는 자신의 생각에 솔직하게 반응하고 행동하는 것이 더 중요하다.

예를 들어 '고향에 계신 엄마는 요즘 어떻게 지내실까?' 하고 문득 엄마의 안부가 궁금해진다면 망설이지 말고 전화를 걸어 보자. 생각이 떠오르는 순간, 바로 행동에 옮기는 것이다.

생각은 자신에게 유리한 대로 해석되기 때문에 대개 자

기중심적이다. 오히려 무심코 느껴지는 감각에 진실이 숨어 있을 때가 많다.

앞에서 예로 든 '엄마는 요즘 어떻게 지내실까?' 하는 생각이 문득 떠올랐을 때 머뭇거리다 보면 '엄마가 먼저 연락도 안 하는 걸 보니 잘 지내시는 거겠지. 전화해도 특별히 할 말도 없고…. 무소식이 희소식이라잖아. 어버이날에 연락드려 보지 뭐' 하는 자기 합리화와 핑곗거리만 떠오른다.

생신이나 어버이날에 꽃을 보내는 특별한 이벤트까지도 필요 없다. 평범한 날일수록 '어떻게 지내시지?' 하는 생각이 들었을 때 바로 연락을 해 보는 실천력이 중요하다.

어렴풋이 머릿속에 떠오르는 생각을 흘려보내지 말고 느낀 대로 행동에 옮겨보자.

무슨 일이든 부정적인 태도로 시작하면 아무 변화도 일어나지 않는다. 자신의 생각을 부정하지 말자. 우선 머릿속에 떠오르는 생각에 집중하고 긍정적으로 받아들인 다음 몸이 반응하는 대로 행동해 본다.

이를테면 열차 안에 앉아 있는데 노인 한 분이 가까이

다가오는 상황을 상상해 보자. '자리를 양보할까' 하는 생각이 들면서도 마음 한편에 '지금 너무 졸린데' '양보했는데 싫다고 하면 어쩌지' '갑자기 말을 꺼내기는 좀 창피한데'와 같은 부정적인 생각이 줄줄이 떠오른다.

하지만 불필요한 모든 생각을 떨쳐내고 처음 느낀 대로 일어나 자리를 양보한다.

자신의 마음에 솔직해지고 생각한 것을 주저 없이 행동으로 옮기려면 용기가 필요하다. 지금 이 순간을 소중히 여기고 마음의 소리에 귀를 기울이는 습관이 몸에 배면 내면에 큰 변화가 생길 것이다.

앞서 말한 예에서 손정의가 트럼프를 만나러 간 상황은 일반적인 시각으로 보자면 '조금 더 지켜봐야 하는' 상황이었다. 여기서 '지켜본다'라는 말은 어떤 의미일까? 어쩌면 '도전하지 않는다'는 말과도 같다.

우리는 더 이상 가만히 지켜보기만 해서는 안 되는 상황에 직면해 있다. 손정의처럼 행동에 옮겨야 한다. 실패하더라도 직접 해 보는 것이 가만히 있는 것보다 낫다.

MIT 미디어랩이 제창한 AI(After Internet) 시대에 필요한 9

가지 기본 원칙 중에 '지도가 아니라 나침반을 가져야 한다(Compasses over Maps)'는 말이 있다. 복잡하고 빠르게 변화하는 세계에서 시시각각 바뀌는 지도를 손에 쥐고 있기보다는 뛰어난 나침반을 갖고 있는 것이 더 중요하다는 의미다. 지도를 만드는 데 많은 시간을 들이기 전에 나침반을 들고 직접 몸을 움직여야 한다.

가만히 지켜보기만 해서는 다른 사람에게 뒤처질 뿐이다. 지금 우리에게 필요한 것은 다른 생각은 모두 떨쳐버리고 느끼는 대로 즉시 몸을 움직이는 실천력이다.

기승전결이 아니라
결전기승으로 생각한다

많은 학생이 수업 시간에 '선생님이 나를 지목하면 어떻게 하지?' 하는 걱정에 시선은 아래를 향하고 심장이 두근거리는 경험을 한다. 실제로 지목받으면 당황해하며 "죄송해요…. 제가 걸릴 줄 모르고 대답을 준비 못 했어요" 하고 기어들어 가는 목소리로 말한다.

만일 파티처럼 많은 사람이 모이는 자리에서 갑자기 마이크를 건네받고 "한 말씀 부탁드려요"라는 요청을 받는다면 "음… 설마 저한테 마이크가 올 줄은 생각도 못 했어요. 그러니까 저… 무슨 말을 해야 할지… 너무 갑작스러워서 머리가 새하얘지고 아무 말도 떠오르지 않네요" 하고 우물쭈물하며 시간만 낭비하기도 한다.

갑작스레 발표를 요청받았을 때, "설마 제가 하게 되리라고는…" 하고 쩔쩔매겠는가 아니면 "기다리던 순간이네요!" 하고 당당하게 대답하겠는가. 어느 쪽을 선택하느냐에 따라 상대가 나에 대해 갖는 인상이 크게 달라진다.

답이 맞느냐 틀리느냐는 아무런 문제가 되지 않는다. 중요한 것은 대답할 때의 마음가짐이다. 덜덜 떨며 주눅 들어 있느냐, 가슴을 펴고 당당하게 맞서느냐의 차이가 중요하다.

그렇다면 어떻게 해야 당당하게 행동할 수 있을까?

항상 언제 어디서 총알이 날아올지 모르는 상황을 가정하고 미리 기본적인 준비를 해 두면 된다.

이제는 기승전결이라는 말을 '결전기승'으로 생각해야 하는 시대다. 우선 '결론'부터 생각한 다음 지금 자신에게 필요한 준비를 미리 해야 한다.

앞의 예로 설명하면 선생님에게 지목받을지도 모른다는 결론을 가정하고 지금 자신이 해야 할 일을 생각해 보는 것이다. 결론을 알면 내가 무엇을 해야 하는지 보이기 시작하므로 상대의 공격을 받는 상황을 기다리지 않고 먼저 나설 수 있다.

어차피 수업 시간에 지목받을 가능성이 있다면 질문이 없더라도 먼저 손을 들어 본다. 질문해야만 하는 상황을 스스로 만들어 보는 것도 좋은 방법이다.

수동적으로 기다리기보다는 능동적으로 화살이 날아드는 방향으로 먼저 나아간다. 그러면 담담히 화살을 받아들이는 마음가짐과 각오를 기를 수 있다. '결론'부터 바꿔 보는 것이다.

질문은 반드시 거창할 필요 없다. 단지 그 순간에 떠오른 생각을 솔직히 말하면 된다.

일상생활에서 이런 경험을 쌓아나가다 보면 점점 스스로 시간을 지배하는 감각이 몸에 밴다. 그리고 직접 분위기를 주도하게 된다.

먼저 자신의 이야기로 화제를 꺼내면 진행이 원활해지고 발언권도 많아져 어느새 리더 자리에 오르기도 한다. 직접 분위기를 이끌고 주도권을 장악할 수 있다면 어떤 상황이든 편하게 대처할 수 있다.

만일 파티에서 갑작스러운 발표 요청을 받는다면 주저하지 말고 "아, 이제야 제 차례가 왔군요" "와, 이 순간을 얼마나 기다렸다고요" 하고 큰 소리로 말해 보자.

그 순간 파티장의 분위기는 여러분이 주도하게 된다. 그 다음에는 무슨 말을 하든 상관없다. 아무리 시시한 이야기라도 괜찮다. 처음 내뱉은 말 한마디로 상대가 나를 재미있는 사람이라 생각하게 만들고 마음까지 사로잡았기 때문이다.

나머지는 즐기기만 하면 된다. 만일 이야깃거리가 떠오르지 않는다면 노래를 한 곡 불러도 좋다.

모두가 나에게 집중하고 내 이야기에 귀를 기울이는 기회는 쉽게 오지 않는다. 그러니 마음껏 즐기자. 조금 지나치다 싶을 정도로 대담하게 행동해 본다. 사람들은 그런 모습에 매력을 느끼고 다시 만나고 싶어 한다.

'이렇게 될 거란 말 못 들었는데' '왜 하필 나야?'와 같은 변명은 입에 담지 않는다. 매일 무슨 일이 일어나든 긍정적으로 받아들인다. 그러다 보면 자신이 원하는 방향으로 인생이 펼쳐지고 하루하루가 즐거워진다.

덜덜 떨거나 한 걸음 뒤로 물러서지 말고 조금 더 앞으로 나가보자. 상대가 무슨 일을 꾸밀지 몰라 무서워 떨 바에야 먼저 상황을 만들면 그만이다. '결론'은 자신이 바꾸는 것이다. 그러면 놀랍게도 생각한 대로 일이 풀린다.

5가지 프로세스를
적용한다

예전에 미국 스탠퍼드대학의 디스쿨(D-School)을 설립한 버나드 로스(Bernard Roth)와 함께 일했을 때의 일이다. 디스쿨은 학생과 교직원들이 모여 여러 분야를 넘나들며 디자인 사고를 배우고 혁신 창조력을 키우는 곳이다. 디스쿨만의 기발하고 참신한 교육 방식에 세계적인 디자이너나 유명 기업의 관심이 집중되고 있다.

와세다 학원 학생들을 위한 교육 프로그램 개발에 참고하려고 디스쿨에 시찰을 나갔을 때, 로스에게 "문제 해결을 위한 디자인 사고에는 5가지 중요한 프로세스가 있다"

라는 설명을 들었다.

5가지 프로세스는 다음과 같다.

① Empathy (공감 : 과제 대상에 감정을 이입한다)

② Define (정의 : 문제를 정의한다)

③ Ideate (관념화 : 많은 아이디어를 도출한다)

④ Prototype (가시화 : 시제품을 만든다)

⑤ Test (시험 : 테스트를 거쳐 피드백을 얻는다)

디스쿨에서는 항상 이 5가지 프로세스에 따라 새로운 디자인을 만들어내고 눈앞에 놓인 문제를 해결한다고 한다. 실제로 현장을 보니 더 확연히 알 수 있었다.

아이디어로 휘갈겨진 형형색색의 포스트잇이 잔뜩 붙어 있는 화이트보드, 언제든 쓸 수 있도록 비치된 풀과 종이, 자유롭게 공간을 나눌 수 있는 가변형 파티션까지, 보기만 해도 많은 혁신이 만들어질 것만 같은 설레는 공간이었다.

때마침 내가 방문했을 때, 한 팀이 즐겁게 토론을 펼치다가 갑자기 옆 공간으로 이동해 열심히 무언가를 만들기 시작했다. 프로세스 과정의 3번 'Ideate'에서 4번

'Prototype'으로 바뀌는 순간인 듯했다.

머릿속에 새로운 아이디어가 떠올라도 겉으로 드러내지 않는 사람들이 있는데 디스쿨의 학생들은 달랐다. 한 번 떠오른 아이디어는 우선 시제품으로 만들어 눈에 보이는 형태로 바꾼다. 앞에서 말한 '느끼는 대로 행동하는 모습' 그 자체였다.

감격하던 내게 로스는 이렇게 말했다.

"우리 디스쿨에서는 나이와 지위를 뛰어넘어 서로 편하게 이야기를 주고받는 환경을 만들고 있습니다. 벽이 없는 대등한 관계가 성립되어야 새로운 발견과 발명을 할 수 있기 때문이죠."

로스가 말한 프로세스나 팀 관계는 무언가를 만들어낼 때뿐 아니라 문제 해결이 필요한 모든 상황에 적용할 수 있다.

여러분도 아이디어를 도출해야 할 때 이 5가지 프로세스를 적용해 보자. 분명 이제껏 생각지도 못한 길이 열리는 계기가 될 것이다.

PART
3

어떤 시대든
이겨낼 힘을 기르는
최고들의 8가지 습관

열렬히 좋아하면
길이 열린다

내가 설립한 와세다 학원에서는 '편차치(개인의 지능이
나 학력에 관한 검사 결과가 집단의 평균치와 얼마나 차이가 나
는지를 수치화한 것)'는 크게 중요하지 않다. 대학은 다른 사
람의 학력이나 평균치와 비교해서 결정할 수 있는 것이 아
니기 때문이다.

"정말로 하고 싶은 일은 어떤 일인가요?" "이루고 싶은
목표는 무엇인가요?"와 같은 질문의 답인 '절대치'를 가장
중요하게 생각한다.

절대치란 달리 말하면 '자신의 가치관', 즉 '자신이 정말

로 원하는 모습'이다.

편차치를 기준으로 삼으면 지금까지 살아온 모든 인생을 편차치로 평가하게 되는 경향이 있다. '내 편차치로는 이 정도의 대학밖에 못 들어가겠지' '내 실력으로는 틀림없이 이 정도 회사밖에 못 들어갈 거야' 하고 판단해 버린다.

자신이 정말로 하고 싶은 일이 무엇인지를 생각하기보다는 스스로 편차치를 적용해 자신의 수준을 판단하고 적당한 위치에 끼워 맞추려고 한다. 편차치로 인생을 설계하는 것만큼 어리석은 일은 없다.

대학이나 회사를 선택하는 것은 연애와도 같다. 상대가 좋아지면 상대에 대해 더 알고 싶어지기 마련이다. 취미가 무엇인지, 어떤 일에 흥미를 느끼는지, 어떤 타입을 좋아하는지 등, 함께 이야기를 나누고 즐거운 시간을 보내기 위해 다양한 정보를 모은다. 마찬가지로 지원하려는 대학과 기업을 철저히 조사하는 것이 중요하다.

이를테면 대학 입시 문제에는 그 학교만의 문화가 고스란히 녹아 있다. 대체로 교수진이 문제를 내기 때문이다.

그래서인지 상당히 개성적인 문제도 많이 출제된다. 따라서 사전에 지원하고자 하는 학교의 문화를 철저히 조사해 두면 높은 점수를 얻을 수 있다.

모든 것은 '지원하려는 학교와 연애하기 위한 준비'다. 나는 수험생들에게 "열렬히 좋아하면 꿈을 이룰 수 있다"라고 말한다. 마음을 다해 좋아하고 상대에 대해 알아간다면 편차치는 아무 소용이 없어진다.

앞서 말한 '결전기승'의 사고법과도 같은 의미다. 합격하겠다는 목적이나 결론부터 정한 뒤 그 목적을 이루기 위한 수단을 찾으면 된다.

그럼 열렬히 좋아하려면 어떻게 해야 할까?

우선 캠퍼스를 직접 찾아간다. 좋아하는 학교 식당에서 점심을 먹는다. 학교 관련 상품을 구매하고 부적처럼 소중히 간직한다. '에이, 겨우 그거야?' 하고 생각할지도 모른다. 하지만 경험으로 비추어 볼 때 실제로 실천하는 사람은 많아야 30% 정도뿐이다.

이 별 것 아닌 것처럼 보이는 경험이 입학시험 당일 마음에 여유를 만들어 편차치만 봤을 때는 도저히 문턱도 넘지 못할 대학에도 입학할 수 있는 원동력으로 작용한다. 이 방법으로 합격한 학생들은 일일이 셀 수 없을 정도로 많다.

회사에서도 마찬가지다. 예를 들어 '신규 거래처 개척'을 하고 싶다면 거래처를 열렬히 좋아해야 한다. '그래도 그 회사는 너무 대기업이라 어려울 거야' '경쟁이 심해서 비집고 들어갈 틈도 없겠지' 하는 나약한 생각이 떠오를지도 모른다.

하지만 오히려 상대 회사를 더 좋아하려고 노력한다. 정보를 수집하고 그 회사가 무엇을 원하는지 철저히 조사한다. 담당자가 어떤 사람인지에도 관심을 둔다. 거래처를 방문할 때는 조금 일찍 가서 회사 분위기를 살펴본다.

연애라고 생각하면 얼마든지 선뜻 나서서 할 만한 일들이다. 좋아하는 것, 하고 싶은 것에 바칠 열정만 있다면 아무리 주변에서 고개를 가로 젓는 어려운 일도 분명 이뤄낼 수 있다.

죽도록 하기 싫은
일에 도전한다

"좋아하는 일을 하고 싶기는 한데, 정작 무슨 일을 하고 싶은 건지 모르겠어요."

많은 사람이 이런 고민을 안고 있다. 그런 사람들에게 "먼저, 죽도록 하기 싫은 일부터 해 보세요"라고 말해 주고 싶다.

예전에 어머니께서는 종종 이런 말을 하셨다.

"혼자만의 생각으로 뭔가를 결정하려고 하지 마라."

"세상 물정에 어둡고 경험도 부족하니 우선 맡겨진 일부터 시작해 봐라."

지금 생각해 보면 '내가 어떤 일을 하고 싶은지 모른다'는 것은 이제껏 해 온 경험이 그리 많지 않기 때문일지도 모른다. 경험이 부족한데 그 안에서 '하고 싶은 일'을 찾으려다 보니 선택할 수 있는 범위에도 한계가 생기는 것이다.

경험해 본 적 없는 일에 대해서는 어림짐작으로 '나한테 안 맞을 것 같아' '이 일은 자신 없는데' 하고 단정 짓기도 한다. 결국 무작정 싫어하게 된다.

하지만 겉보기에 이상하다고 해서 계속 피하기만 했던 음식도 막상 먹어 보면 의외로 맛있을 때가 있다.

일도 마찬가지다. 어떤 일이든 직접 해 보지 않으면 알 수 없다. '죽도록 하기 싫은 일'도 해 봐야만 정말 맞는지 안 맞는지 안다.

나는 대학생 때 회사를 설립했다. 하지만 자본이 넉넉하지 않았다. 당시 많은 자본이 없어도 시작할 수 있는 사업은 음식점이나 학원 정도였다.

그래서 음식점과 학원을 같이 차렸다. 내가 하고 싶은 일인지 아닌지, 좋아하는 일인지 아닌지는 중요하지 않았다. 그저 그것밖에 선택할 수 있는 길이 없었다.

그렇게 해서 시작한 학원이 지금은 100억 엔 규모의 기업으로 성장했다. 많은 우여곡절이 있었지만 지금은 하고 싶은 일을 하고 있다는 실감이 난다.

처음부터 특별히 좋아해서 시작한 일은 아니었지만 차츰 내가 원하는 방향으로 끌고 나가다 보니 마지막에는 내가 하고 싶은 일이 되어 있었다.

누구에게나 하기 싫은 일은 있다. 하지만 하고 싶지 않은 일부터 시작해서 하고 싶은 일로 만들어가는 '과정'이 얼마나 흥미로운가.

음식점과 학원 모두 어느 정도 궤도에 오르면서 일이 무척 바빠졌다. 도저히 두 가지 일을 병행하기 어려운 상황이 되자 나는 어느 한쪽을 선택해야만 했다. 결국 학원에 전념하는 길을 택했지만 만일 그때 음식점을 운영하는 길을 택했더라면 어떻게 되었을까 싶다.

당시에는 학원보다 음식점의 매출이 더 높았기 때문에 음식점을 계속하라는 주변의 권유도 있었고, 실제로 그 길로 나갈까 생각한 적도 있었다.

만일 음식점 운영에 집중한다면 어떻게 해야 하나 생각했을 때, 머릿속에 떠오른 것은 '세계 전략'이었다. 'BENIHANA'라는 철판구이 체인점을 해외로 확대한 로키 아오키에 이어 해외 진출에 성공하겠다는 마음을 먹었다.

당시에는 해외 시장에 일본 라멘 가게가 하나도 없을 때라 '뉴욕을 거점으로 라멘 가게를 여는 거야!' 하는 당찬 꿈을 꿨다. 일본인들의 입맛에 꼭 맞는 라멘이니 세계로 진출해도 분명 성공하리라 믿었다. 음식점에서는 주방 일도 했기 때문에 요리 솜씨에도 꽤나 자신이 있었다.

물론 지금은 하지 않아서 다행이라고 생각하지만 말이다. 시작했다 하더라도 얼마 지나지 않아 경쟁이 치열해져, 제2의 로키 아오이는 커녕 눈 깜짝할 새 가게 문을 닫아야 했을지 모른다. 하지만 음식점을 운영하는 선택을 했더라도 나는 분명 내가 원하는 방향으로 끌고 나갔을 것이다.

어떤 일이든 좋다. 자신이 할 수 있는 일을 어디까지 넓혀갈 수 있을지 생각한다. 이때 그 일이 자신이 좋아하는 일인지 아닌지는 중요하지 않다. 물론 좋아하는 일을 하는 것은 축복이다.

자신이 어떤 일을 좋아하는지 찾고 싶다면 하기 싫고 서툰 일이라도 일부러 해 볼 필요가 있다. 더 나아가 그 일을 자신이 원하는 방향으로 끌고 나가다 보면 인생의 묘미를 느끼게 될 것이다.

매뉴얼을 버리고
상식을 의심한다

지금은 뭐든지 '매뉴얼' '비법'이 존재하는 시대다. 패스트 푸드점이나 패밀리 레스토랑, 편의점은 물론 학생들을 지도하는 교사들에게도 학습 지도 요령이라 불리는 매뉴얼이 있다. 차에 설치하는 내비게이션도 일종의 매뉴얼이고 학교 교과서도 그중 하나라고 할 수 있다. 노하우를 쉽게 알 수 있다는 것은 어떤 의미에서는 살기 편한 세상이 되었다는 말이다.

하지만 한편으로는 더 이상 스스로 생각하기를 포기하는 사람들이 생겨난다는 말이기도 하다. 편리함에 젖어 들

오로지 습관하라

어 매뉴얼이 없으면 아무것도 하지 못하는 사람이 되어서는 안 된다. 매뉴얼과 노하우를 의심하고 때로는 손에서 놓을 필요도 있다.

얼마 전 택시를 탔을 때 겪은 일이다. 운전기사에게 "하네다 공항까지 가 주세요"라고 말했다. 그러자 "죄송합니다. 처음 가는 길이라 지금부터 내비게이션을 켜도 되겠습니까?"라는 답변이 돌아왔다.

우리 집으로 가는 길이라면 모를까 적어도 택시 운전이 직업이라면 랜드마크 중 하나인 하네다 공항으로 가는 길 정도는 알고 있어야 하는 것 아닌가 싶었다.

내비게이션이 없던 시절에는 어떻게 해서든 스스로 지도를 찾아 길을 외워야 했다. 하지만 편리한 기계가 생겨나자 스스로 생각하고 외우지 않게 되었다. 마찬가지로 매뉴얼이 없으면 아무것도 못 하는 사람들이 점차 늘어나고 있다.

매뉴얼은 누군가가 '작위적'으로 만든 것이다. 즉 만든 사람에게 유리한 내용 위주로 구성되어 있다는 말이다. 그런 매뉴얼을 그대로 받아들이고 믿어버리는 것은 위험하다.

한 번쯤은 매뉴얼을 손에서 내려놓고 아무것도 없는 무(無)의 상태로 돌아가 보자. 비법이 봉인되었을 때 '스스로 어떻게 해결할 것인지'가 중요하다.

겉보기에 그럴듯한 노하우나 매뉴얼에 의지하지 말자. 상식을 의심할 줄 알아야 한다. 그리고 '왜 그렇게 되는 거지?' '어떻게 하는 게 좋을까?' 하고 스스로 묻고 답하는 습관을 들이기만 해도 삶이 완전히 달라질 것이다.

필요할 때
도망칠 줄 안다

구글 인사총괄 책임자인 에일린 노튼(Eileen Naughton)과 대담을 나눴을 때, 그녀가 처음에 내게 이런 질문을 했다. "어떻게 인간이 지구를 정복할 수 있었는지 아세요?" 내가 이유를 묻자 노튼은 이렇게 대답했다.

"인간은 도망칠 줄 알기 때문이에요."

인간이 필요할 때 도망칠 줄 알기 때문에 지금까지 살아남았다는 것이다.

'도망치다'라는 말에는 여러 가지 의미가 담겨 있다. '위험을 피한다' '계산을 확실하게 한다' 그리고 '자신의 분수를 안다'는 의미도 있다.

인간은 자신이 얼마나 약한 존재인지 알고 있다. 그래서 강하다는 것이다. 그저 노튼의 해석에 불과할지도 모르지만 인생에서 '도망'은 대단히 중요하다.

일본에서 한때 유행했던 TV 드라마 제목 〈도망치는 건 부끄럽지만 도움이 된다〉(가정부로 일하던 여주인공이 집주인인 남주인공과 계약 부부로 살게 되는 스토리)는 사실 '승부는 자신 있는 분야로 해야 한다'는 헝가리 속담이다. 즉 '블루오션'을 발견하라는 의미다.

자신 없는 분야로 승부를 하더라도 이길 확률은 낮다. 그럴 때는 우선 그 자리를 벗어나 다음에 다시 자신 있는 분야로 승부하는 것이 좋다. 단, 단순한 도망이 아니라 반드시 다음 기회를 엿봐야 한다. 결과적으로 실리를 얻어야만 진정한 승부가 판가름 나기 때문이다.

도망치는 것은 부끄러운 일이 아니다. 만일 부끄럽다고 느낀다면 타인의 시선을 지나치게 신경 쓰는 것이다. 힘든

데 억지로 괜찮은 체하며 참는 것이 반드시 좋다고만은 할 수 없다.

실리를 얻으려면 때로는 도망칠 줄도 알아야 한다. 능숙하게 도망치는 방법을 익혀 두도록 하자.

나만의 컨설턴트를
찾는다

자신이 생각하는 나와 주변에서 보는 내 모습은 다르다. 대체로 자신이 생각하는 나는 '착각'이거나 '이상적인 모습'일 때가 많다. 어떤 상황에서 스스로 결정을 내릴 때도 착각이 개입되어 잘못 판단하기 쉽다. 그럴 때는 신뢰할 수 있는 상대에게 부탁하는 것도 한 가지 방법이다.

예를 들면 남성에게 아주 중요한 아이템인 넥타이에는 이른바 남자의 승부가 걸려 있다고도 할 수 있다. 자신에게 잘 어울리는 넥타이를 매면 호감도가 올라가지만 반대로 어울리지 않는 넥타이를 매면 호감도가 떨어진다. 즉 넥타이 하나로 운이 좋아지느냐 마느냐가 결정된다고 해도 과언이 아니다.

알고 지내는 사람 중에 화려한 넥타이를 즐겨 매는 A씨가 있었다. 솔직히 말해 조금도 어울리지 않는 데다가 넥타이만 유난히 눈에 띄어 부자연스럽기까지 했다.

어느 날 이미지 컨설턴트에게 A씨와 어울릴 만한 넥타이를 골라달라고 부탁했다. 전문 컨설턴트가 고른 것은 A씨가 지금까지 맸던 것과는 전혀 다른 남색 바탕의 세련된 넥타이였다.

A씨의 이미지는 그 넥타이를 매자마자 갑자기 차분해 보였다. 놀랍도록 달라진 이미지에 "저라면 절대 안 골랐을 만한 넥타이였는데, 이렇게까지 인상이 달라질 줄 몰랐어요" 하고 본인조차 놀라움을 감추지 못했다.

이처럼 자신에게 어울리는 넥타이를 매기만 해도 이미지는 확연히 달라진다. 그리고 직접 고르는 넥타이보다 제3자가 객관적으로 판단하고 골라주는 넥타이가 더 잘 어울릴 때가 많다.

미국 대통령 선거에서도 각 후보에게는 개별적으로 전

문 이미지 컨설턴트가 붙어 어떻게 해야 국민에게 호감을 줄 수 있는지 객관적으로 조언해 준다.

마찬가지로 전문적인 관점에서 조언해 줄 수 있는 컨설턴트를 찾는 것은 원하는 모습을 손에 넣기 위한 지름길이라고 할 수 있다.

패션 역시 전문가에게 조언을 구하는 것이 좋지만 만일 가족이나 친구 중에 감각이 뛰어난 사람이 있다면 그들에게 조언을 구해도 좋다.

겉모습을 가꾸는 것은 자신을 변화시키는 첫걸음이다. 아무리 내면이 더 중요하다고 강조해도 내면은 순식간에 바꾸기는 어렵지만, 넥타이 색감이나 무늬를 바꾸는 정도라면 비교적 쉽게 시작할 수 있다.

이렇게 가장 나다운 나를 만들어내는 쉽고 빠른 방법이 또 어디 있을까.

남성 패션의 핵심인 V존(슈트와 셔츠, 넥타이가 만나는 가슴 부분)은 제일 먼저 시선이 머무는 곳이기 때문에 조금만 변화를 줘도 순식간에 이미지가 달라진다. 그리고 주변 사람들의 눈에 비치는 자신의 이미지에 실제 모습을 맞추려고 의식하다 보면 어느새 내면까지 변화된다.

나는 한때 비싼 넥타이가 좋은 넥타이라고 굳게 믿었다. '브랜드 제품이 제일이다' '가격이 비쌀수록 좋은 것'이라는 소위 말하는 브랜드 신봉자였다.

지금 생각하면 브랜드 제품을 몸에 걸치면 최고가 될 수 있다는 안일한 생각에 진짜 내 모습을 숨기려 했던 것 같다.

하지만 운동으로 몸을 단련한 뒤 지금까지 '가격도 저렴하고 나한텐 절대로 안 어울려'라고 생각했던 슈트가 의외로 잘 어울린다는 사실을 깨달았다. 꼭 값비싼 슈트가 아니어도 옷걸이가 좋아지면 어떤 옷이든 더 잘 소화할 수 있게 되는 것이다.

가격과 상관없이 자신에게 맞는 옷이 있다. 브랜드 신봉주의는 단순히 내 시야를 좁히기만 했을 뿐이었다.

좋은 것은 누구나가 갖고 싶어 한다. 하지만 반드시 고가의 브랜드 제품이 좋은 것은 아니다. 저가의 노브랜드라도 얼마든지 좋은 제품이 있다. 이 사실을 알고 난 후로는 가격이 합리적이면서도 저렴해 보이지 않는 옷을 찾는 재미에 푹 빠졌다.

나만의 착각에서 벗어나 더 넓은 시야를 가져야 한다. 결단을 내려야할 때 혼자 고민하지 말고 신뢰할 수 있는 사람에게 조언을 구해야 한다는 사실을 기억하자.

하이프니스트가
된다

지금까지는 '한 가지 분야에서 전문성을 키우는 것'이 미덕이라고 생각하는 경향이 있었다. 하지만 앞으로 다가올 시대에는 한 가지만 잘 해서는 안 된다. 다른 일도 척척 해낼 수 있어야 한다. 폭넓게 다양한 분야에 도전하고 연구하는 사람이 성공하는 것이다.

요즘에는 올림픽에 참가하려면 쉼 없이 연습하고 기량을 갈고닦아야 한다. 바꿔 말하면 한 가지 분야의 전문가만이 출전할 수 있는 이벤트라고도 할 수 있다.

하지만 과거의 올림픽은 평소 정육점에서 일하는 힘센 사람이 포환던지기에 출전하거나, 학자이면서도 달리기를 잘해서 릴레이 경기에 출전하는 등 두 가지 일을 동시에 할 줄 아는 사람들의 모임이었다. 앞으로도 이런 감각이 필요하지 않을까.

그렇다고 해서 반드시 모든 일을 능숙하게 해내야 하는 것은 아니다. 이를테면 한때 인기를 끌었던 코미디 그룹 더 드리프터스의 다카키 부는 다른 멤버에 비해 그다지 눈에 띄지는 않았지만, 코미디언이면서 동시에 최고의 우쿨렐레 연주자이기도 했다.

지금은 우쿨렐레 연주자로만 활동해도 충분할 만큼 성공했다. 만일 코미디에만 집중했다면 지금쯤 힘든 삶을 살고 있었을지도 모른다. 우쿨렐레라는 또 다른 특기가 있었기 때문에 지금까지도 행복한 삶을 이어나가고 있다.

앞으로는 두 가지 일을 동시에 해내는 1인 2역이 주류를 이룰 것이다. 야구로 말하자면 투수와 타자를 겸하는 것 외에도 '야구'와 '음악'처럼 완전히 다른 두 가지 분야의 일이라도 좋다. 혹은 '요리'까지 추가해 1인 3역을 소화할 수 있다면 더할 나위 없다.

시세이도의 명예회장 후쿠하라 요시하루는 1인 다역을 할 줄 아는 사람들을 '하이프니스트(Hyphenist)'라고 부른다. 하이프니스트는 두 가지 이상의 직업을 갖고 있어서 자신의 직업을 소개할 때 '하이픈(-)'을 넣는 사람을 말한다.

예를 들면 다카키 부는 '코미디언-우쿨렐레 연주자'다. 두 가지 일을 동시에 할 줄 알면 많은 장점을 누릴 수 있다. 만일 한 가지 일이 잘 풀리지 않으면 다른 한 가지로 대체할 수 있고, 각 분야에서 만든 다양한 인맥을 잘 조합해 새로운 일을 창조할 수도 있다.

미국의 메이저리그나 골프 선수들을 보면 우수한 학력을 갖고 있으면서 스포츠 외에 다른 분야에서 활약하기도 한다. 만일 선수 생활을 마치게 되더라도 계속 활동할 수 있는 다른 분야를 마련해 두는 것이다.

이처럼 두 가지 이상의 일을 동시에 하는 사람은 당당하게 살아나갈 수 있다. 일본 프로 야구 선수들도 야구 외에 다른 일을 준비한다면 은퇴 후에 나쁜 길로 빠지는 일은 없지 않을까 싶다.

여러분도 가장 하고 싶은 일을 더 이상 하지 못하게 됐을 때, 다른 길을 찾을 수 있도록 자신이 소중하게 여기는 일을 세 가지 정도 찾아보면 어떨까.

감탄을 넘어
감동을 준다

최근 '싱귤래리티(Singularity)'나 '2045년 문제' 등이 거론되고 있다.

싱귤래리티는 기술적 특이점이라고도 하는데, 컴퓨터가 인간의 능력을 뛰어넘어 의식을 갖는 수준에까지 이르는 미래를 예상한 것이다. 앞으로 계속해서 컴퓨터 기술이 발달하면 2045년에는 컴퓨터의 성능이 인간의 지능 수준을 넘어선다고 한다. 그때가 되면 AI(인공지능)가 이제껏 인간이 해 오던 일을 대신하면서 인간의 일자리를 빼앗을지도 모른다는 우려의 목소리가 높아지고 있다.

그런데 과연 정말로 그런 일이 일어날까.

2015년에 옥스퍼드대학의 과학자들이 '인류를 위협하는 12가지 위험 요소'라는 주제로 논문을 발표했다. 12가지 위험 요소는 다음과 같다.

- 현재 진행 중인 위험 요소

  ① 극단적인 기후 변화

  ② 핵전쟁

  ③ 세계적인 규모의 판데믹(Pandemic, 유행성 전염병)

  ④ 생태계 파괴

  ⑤ 국제적인 시스템 붕괴

- 외인적인 위험 요소

  ⑥ 거대 운석의 충돌

  ⑦ 대규모 화산 분화

- 새로운 위험 요소

  ⑧ 합성생물학

  ⑨ 나노기술

  ⑩ AI(인공지능)

⑪ 예측 불가능한 미지의 가능성

• 국제 정치의 위험 요소

⑫ 정치 실패가 미치는 국제적 영향

여기에도 AI가 포함되어 있다. 논문에서는 위기에 대처하는 방안으로 다음의 10가지 항목을 제시했다.

① 세계적인 규모의 리더십과 네트워크를 구축한다

② 더 나은 위험 대비 능력을 키운다

③ 위험 탐지 시스템을 구축한다

④ 극도로 복잡한 사회 시스템을 시각화한다

⑤ 위험을 줄일 올바른 방책을 강조하여 알린다

⑥ 여러 가능성에 주의를 기울인다

⑦ 대규모 위험 요소에 대한 관심을 높인다

⑧ 대규모 위험 요소에 대해 적절한 설명을 명기한다

⑨ 정부 차원에서 전 지구적인 규모의 위험 지표를 확립한다

⑩ 세계 위험 기구와 같은 조직의 설립 가능성을 높인다

이 내용을 보면서 어떤 생각이 드는가? 나는 위기에 대처하기 위한 10가지 방안을 실천하는 것보다 위험 요소 중 하나로 제시된 'AI'의 한계에 모든 해결책이 있다고 생각한다. 어떤 상황에서든 희망을 찾고 어떻게 미래를 그려나갈지 고민하는 것은 역시 인간이 해야 할 일 아니겠는가.

'감동'과 관련된 일도 인간만이 만들어낼 수 있다. AI가 바둑으로 인간을 이겼다는 뉴스가 보도되었을 때 사람들은 AI의 급격한 성장에 '감탄'은 했지만 '감동'하지는 않았다.

건축과 예술 분야에서 굴지의 명문교로 손꼽히는 미국 쿠퍼유니온대학에는 그레이트홀이라는 역사적으로 아주 의미 깊은 강당이 있다.

그레이트홀은 링컨 대통령을 비롯해 역대 미국 대통령들이 취임 후에 연설한 곳으로 잘 알려져 있다. 물론 오바마 전 대통령도 그곳에서 연설을 펼쳤다.

나는 어떻게 해서든 와세다 학원의 학생들을 그레이트홀에 세우고 싶었다. 그래서 당시 학장이었던 잠셰드 바루차(Jamshed Bharucha)와 약속을 잡고 찾아갔다.

면담 장소는 뉴욕 하버드 클럽. 내 바람과 의도를 설명했더니 곧바로 OK라는 대답이 돌아왔다. 잠셰드 바루차 학장은 "감동을 계승해 나가고 싶다"라고 말했다.

지금부터 약 150년 전에 링컨 대통령이 섰던 장소에서 연설하는 경험은 틀림없이 그곳에서만 느낄 수 있는 감동이 있다. 그리고 그 감동은 앞으로 인생을 살아나가는 데 큰 힘이 되어줄 것이다.

AI의 능력으로는 감동을 만들어내기 어렵다. 감동은 사람의 존재가 느껴질 때만 전해지기 때문이다. 앞으로 다가올 시대에는 '나는 다른 사람에게 감동을 주는 존재인가?'라는 물음이 대단히 중요해질 것이다.

스스로 배움을
찾아 나간다

이제부터는 공부하는 방법이 달라진다. '공부'가 아니라 '배움'이 중요해진다.

교육을 뛰어넘는 배움(Learning over Education)

MIT 미디어랩에서 자주 강조하는 말이다.

배움은 누가 가르쳐주지 않아도 스스로 능동적으로 움직여 얻을 수 있다. 즉 '가르침을 받아 배운다'는 말은 사실 진정한 배움이 아니다.

잘못된 배움을 이어나간다 한들 아무것도 달라지지 않는다. 진정한 배움은 스스로 깨우치고 자신을 성장시켜 나간다. 중요한 것은 무엇을 배우느냐가 아니라 '어떻게 배우느냐'다.

와세다 학원에서도 "이 선생님 수업은 따분하니 다른 수업으로 바꿔 주세요"라고 말하는 학생들이 있다. 하지만 따분한 수업을 흥미롭게 들으려는 자세에 배움이 있다.

아무리 따분해도 스스로 노력해서 흥미를 느끼게 된다면 얼마나 대단한 일인가? 학생들에게는 항상 "따분한 수업조차도 흥미를 느낄 줄 알게 된다는 건 대단한 능력이란다" 하고 이야기한다.

내 말을 진심으로 받아들이고 실천하는 학생들은 시간이 지나면 "따분하다고 생각했던 수업이 다시 들어 보니 의외로 좋더라고요!"라고 말한다. 이런 학생들은 대체로 성적이 오르고 결과적으로 원하는 학교에 합격한다.

"그래도 따분한 걸 어떻게 해요. 그냥 다른 선생님 수업으로 바꿔 주세요" 하고 늘 습관적으로 불평을 늘어놓는 학생들은 아무리 뛰어난 선생님을 만나도 성장하지 못한다.

학생뿐 아니라 직장인도 마찬가지다.

"우리 부서 일은 너무 시시해서 내가 실력 발휘할 기회가 없어", "어차피 하고 싶은 일도 못하는데 그냥 이직해 버릴까"라는 말을 입에 달고 사는 사람은 틀림없이 어느 부서나 어떤 회사를 가도 똑같을 것이다.

진정한 '배움'은 주어지는 것이 아니라 스스로 찾아 나가야 한다. 배움의 능력을 키우면 어떤 일이 생겨도 거뜬히 해낼 수 있다.

궁지에 몰렸을 때
더 강해지는
최고들의 8가지 습관

문득 떠오르는
생각 하나도 놓치지 않는다

나는 A4 사이즈의 스케치북을 항상 갖고 다닌다. 스케치북을 8등분 해 두고 조금이라도 재미있는 일을 겪거나 문득 번뜩이는 아이디어가 떠올랐을 때 파란펜으로 메모한다.

그러다 보면 무의식적으로 머릿속에 입력되어 어느 순간에 불현듯 입 밖으로 나온다. A 이야기와 B 이야기가 입 밖으로 나올 때는 화학반응을 일으켜 X나 Y로 변화한다.

많은 사람 앞에서 이야기할 때 미리 완벽한 문장을 준비해 한 글자라도 놓칠세라 빈틈없이 암기하는 사람이 있다.

이런 사람들은 도중에 하려던 말이 생각나지 않으면 말문이 턱 막혀 버리고, 듣고 있는 사람들의 반응이 시큰둥해도 화제를 전환하지 못한다. 결국 미리 준비해 온 내용만 줄줄 읽어 회장의 분위기는 찬물을 끼얹은 듯 썰렁해진다. 어떻게든 분위기를 다시 살려야 한다는 부담감만 가득 끌어안는 안타까운 상황이 만들어지기도 한다.

주제를 미리 정했다면 나머지는 당일의 상황에 맞춰 이야기를 풀어나가는 것이 좋다. A 이야기를 했을 때 주변의 반응이 석연치 않다면 B 이야기로 바꾼다. 상대의 반응을 살피면서 다양한 주제로 이야기를 풀어나가 보는 것이다.

그러다 보면 차츰 어느 순간 '화학반응'이 일어나 또 다른 주제가 떠오를 때가 있다. 또 상대에게 받은 질문에 대답하면서 자연스레 새로운 이야기로 이어지기도 한다.

미리 머릿속에 입력해 둔 정보를 다시 출력할 때는 기존 정보를 버릴 필요도 있다. 그러려면 평소 순간순간 떠오르는 생각들을 메모해 두는 습관을 들여야 한다. 익숙해지면 많은 사람 앞에서 이야기할 때 유용한 재료로 활용할 수 있게 된다.

어떤 상황에서도
재치를 잃지 않는다

"요즘 고등학생들의 문장에는 유머나 웃음을 자아내는 센스가 없단 말이지."

논문 콩쿠르에서 우수 참가자를 선발할 때 요로 다케시가 항상 내게 하던 말이다.

나는 영화를 좋아해서 평소에도 자주 보는데 서양 영화에서는 '위기일발'의 장면에서 갑작스레 실없는 소리를 하거나 농담을 던질 때가 많다.

예를 들면 영화 〈다이하드〉에서 주인공 브루스 윌리스가 고층 빌딩 옥상에서 뛰어내리지 않고는 살길이 없는 상황에서 이런 말을 한다.

"다시는 고층 빌딩을 오르고 싶다는 생각은 하지 않을게요. 오, 하나님…, 지금 죽고 싶지 않아요."

액션 영화 주인공이 하는 말이라고는 생각하기 어려운 농담 섞인 대사가 등장한다. 동양의 서스펜스나 액션 영화에서는 생각할 수 없는 일이었다.

또 다른 예로는 1981년에 실제로 일어난 레이건 대통령 암살 미수 사건을 들 수 있다. 총에 맞은 레이건 전 대통령이 중상을 입고 가슴에서 탄환을 제거하는 수술을 받을 때, 집도의들에게 이렇게 말했다고 한다.

"당신들이 모두 공화당 지지자이기를 바라오."

어떻게 자신의 생사가 걸린 순간에도 이런 유쾌한 농담을 건넬 수 있는 걸까.

바로 마음의 여유와 전지적 관점을 갖고 있기 때문이다. 긴장감이 감도는 분위기 속에서 모두가 신경을 곤두세우고 있을 때, 누군가의 재치 있는 말 한마디에 주변 사람들의 긴장이 풀리고 분위기가 부드러워지는 상황을 상상해 보라. 이 얼마나 멋진 일인가.

참고로 레이건 대통령의 집도의는 "각하, 오늘 하루 저

희는 공화당 지지자입니다"라고 답했다고 한다. 대답에서도 역시 재치가 느껴진다.

평소 똑 부러지게 일 잘하는 사람이 재치 있는 말솜씨까지 갖춘다면 분명 더 높은 평가를 받게 될 것이다. 주변 분위기를 부드럽게 이끄는 것도 하나의 재능이다.

어떤 상황에서도 '재치'를 잃지 말자. 영화 속 한 장면처럼 농담을 건네는 마음의 여유를 갖기를 바란다.

지금까지 갖고 있던
틀을 깬다

'이런 말을 하면 안 되려나.'

'이렇게 말하면 상대가 싫어할까?'

'지금 나한테는 이런 말을 듣고 싶을 거야.'

사람들은 자신도 모르게 이런 생각에 사로잡혀 이야기하고 행동한다. 어쩌면 획일화된 교육의 폐해일지도 모르겠다.

모든 일을 정답이냐 아니냐로만 나눈다. 정답에 가까운 말을 하면 옳다고 하고 조금이라도 오답에 가까운 말을 하면 틀렸다고 한다. 그러다 보니 정답만을 추구하고 정답에서 벗어나는 것이 두려워 말과 행동을 삼가게 된다.

하지만 사실은 어떤 말과 행동에도 '오답'은 없다. 모든 것이 정답이다. 정답만을 추구하는 잘못된 틀을 깨야 한다. 잘못된 인식이나 속박에서 벗어날 수 있는 비장의 방법이 있다. 바로 '사소한 일을 한 가지 실천해 보는 것'이다.

이를테면 오늘 하루는 평소와는 다른 나를 연기해 본다. 계속해서 연기할 필요는 없다. 아침에 눈을 떠서 잠들 때까지 하루면 충분하다.

평소보다 한 톤 높은 목소리로 "좋은 아침입니다" 하고 인사를 한다. 그리고 평소보다 조금 더 기분 좋게 하루를 보낸다.

인사하는 방법을 살짝만 바꿔도 주변의 분위기나 주변 반응이 달라진다. 누군가가 건넨 "웬일이야? 오늘 평소보다 활기차네"라는 말로 대화가 시작되기도 한다.

의도적으로 '평소 자신'의 모습에서 벗어났을 때 생기는 변화는 놀라울 정도로 무한하다.

여러분도 실제로 한 번 실천해 보고 달라진 자신의 모습을 직접 느껴 보자. 생각보다 훨씬 더 즐겁다는 사실을 알게 될 것이다. 단지 기분 좋은 체 연기하기만 했을 뿐인데 어느새 정말로 기분이 좋아진다. '연기'가 '진짜'가 되는 순간이다.

처음에는 부끄럽다는 생각이 들지도 모른다. 하지만 차츰 부끄러운 감정은 사라지고 자신의 '한계'를 훌쩍 뛰어넘게 된다.

단 하루, 지금까지의 모습에서 벗어나 평소보다 더 밝고 활기찬 모습을 연기해 보자. '틀'을 깨는 경험이 앞으로의 일상을 변화시켜줄 것이다.

철저히 속아
넘어가 본다

'어차피 나는 불가능해'라는 생각을 한 적 있는가?

절대로 못한다고 생각하던 일도 막상 도전해 보면 의외로 쉽게 성공하기도 한다.

연수 프로그램 중에 '고음을 내는 워크숍'이 있다. 아주 높은 음에 맞춰 소리를 내 보는 것이다.

처음에는 대부분 소리를 듣기만 해도 혀를 내두른다. '머라이어 캐리처럼 7옥타브를 낼 수 있는 것도 아니고 내가 이런 고음을 어떻게 내. 절대로 못 해!'라고 생각한다.

하지만 실제로 워크숍을 진행하는 사이 자신도 모르게

PART 4 궁지에 몰렸을 때 더 강해지는 최고들의 8가지 습관

소리를 낸다. 정확히 말하면 소리를 낸다고 느낄 뿐인지도 모른다. 하지만 비슷한 소리까지 끌어올렸다는 것을 실감할 수 있다.

불가능하다고 생각하던 일을 실제로 해내는 경험은 곧 자신감으로 이어진다. 지금까지 해 보지도 않고 무턱대고 불가능하다고 생각해 왔다는 사실을 온몸으로 깨닫게 된다.

스스로 한계를 정하지 말고 우선 도전해 보자. 세상에는 막상 해 보면 의외로 쉽게 해낼 수 있는 일이 많다. 또 직접 경험해 보면 자기 안에 일어나는 변화를 직시하게 될 것이다.

넘기 어렵다고 생각하던 높은 장벽도 속는 셈 치고 도전해 보면 어떨까. '속는다'는 말은 이를테면 '사기를 당해서 속았다'와 같은 부정적인 의미로 사용될 때가 많은데, 여기서는 그런 의미가 아니라 '눈을 질끈 감고 믿어 본다'는 의미다.

'쌓다, 모으다'라는 의미를 담고 있는 한자 '저(儲)'의 모양을 유심히 살펴보자. 이 한자 안에는 '믿는 사람(信者)'이라는 속뜻이 숨어 있다. 즉 믿지 않으면 이익이 쌓이지 않는다는 의미다. 이익을 쌓고 싶다면 믿어야 한다.

'속는 것은 무조건 나쁘다'고 생각하는 잘못된 상식을 버리고 마음을 단단히 잠근 자물쇠를 풀자.

하지만 반드시 자신이 가장 신뢰하는 사람에게만 속아야 한다. 누가 하는 말이든 모두 다 믿고 따른다면 정말 사기를 당하는 상황을 만날지도 모른다는 사실을 잊어서는 안 된다.

'이 사람이 하는 말은 믿을 수 있어' '이 사람 뜻에 따르고 싶어'라는 생각이 절로 드는 '스승'과 같은 존재가 하는 말에는 의심을 내려놓고 무조건 속아 넘어가 본다. 이런 마음가짐은 인생에 큰 이익을 가져오는 가장 확실하고 빠른 방법이다.

실패라는
성공의 향신료를 첨가한다

세상에 정해진 답은 없다.

입학시험에서 '이 대학에 들어가야만 해!' '여기가 아니면 싫어' 하고 단정 지어 생각하는 사람이 있다. 하지만 사실은 A 대학이든 B 대학이든 어디든 상관없다. 자신이 들어갈 학교가 가장 좋은 곳이다.

마지막에 자신에게 돌아오는 결과를 '운명'으로 받아들일 줄 아는 마음, 어떤 결과가 기다리고 있든 긍정적으로 생각하는 것이 중요하다.

편차치가 무서운 이유는 '편차치 70 이상인 대학에 못

들어가면 내 인생은 끝이야' '편차치 45인 대학밖에 합격하지 못한다면 나는 고작 그 정도 수준밖에 안 되는 인간인 거야'라는 부정적인 생각을 일삼게 만든다는 점이다. 전체의 20%만 성공한 사람이라는 '2대8 법칙'에 빗대어 말하자면 상위 20% 안에 들어가지 못하면 더 이상 가망이 없다고 생각한다. 하지만 결코 그렇지 않다.

나는 수험생들에게 "떨어져도 괜찮으니까 마음 편히 가져"라고 말한다. 이렇게라도 하지 않으면 아이들이 두려움과 두려움과 압박감에 짓눌려버리기 때문이다.

"떨어지는 게 낫지, 합격하면 오히려 더 힘들어"라고 말하면 '아, 그렇구나. 무조건 붙지 않으면 안 된다고 기를 쓸 필요는 없구나' 하고 마음을 편히 가질 수 있게 된다.

어깨에 잔뜩 들어가 있던 힘이 빠지고 시험 당일에는 평소처럼 냉정을 되찾아 마음껏 실력을 발휘한다. 그 덕분인지 많은 학생이 합격한다.

'실패는 성공의 향신료'다. 만일 합격하지 못해도 괜찮다. 실패가 기회로 이어져 새로운 길이 열리기도 하기 때문이다. 실패를 거듭하다 보면 인생에 '감칠맛'이 살아난다. 감칠맛 있는 인생은 다채롭다. 반면에 성공만 반복하는 인생은 향신료가 부족해 싱거운 맛이 난다.

요리에서 맛을 낼 때는 반드시 숨은 '비법'이 있기 마련이다. 살짝만 넣어도 깊은 맛을 내서 조금 전까지와는 완전히 다른 요리가 된다. 인생도 똑같다. '실패'라는 향신료가 더해지면 감칠맛이 물씬 배어난다.

그러니 실패를 두려워하지 마라. 오히려 실패를 긍정적으로 받아들이고 기회로 바꾸자. 기회는 위기의 얼굴로 찾아온다.

직장 생활 역시 마찬가지다. '이 부서가 아니면 하기 싫어' '이 사람 밑에서는 도저히 일 못 하겠어'라는 생각이 들거나 자신이 바라던 대로 되지 않아 '이건 내가 정말 하고 싶던 일이 아니야' '내가 가야 할 길은 이 길이 아니야'라고 불평하며 그만두는 사람들이 있다.

하지만 세상에 정해진 답은 없다. 그 부서에 들어간 것도 어쩌면 운명이다. 불평보다는 오히려 어떻게 하면 조금이라도 더 즐겁게 일할 수 있을지를 생각해 보면 어떨까. 실패도 하나의 경험이다. 마음껏 즐기자. 그러다 보면 어느새 불평하던 일도 스스로 이끌어나가게 되고 이제껏 알지 못했던 큰 깨달음을 얻게 될 것이다.

인생의 서랍을
정리한다

앞에서도 설명했지만 AO 전형 시험에서는 '지금까지 무 엇을 해 왔는가?' '지금부터 어떤 일을 하고 싶은가?'를 한 눈에 볼 수 있도록 포트폴리오로 만들어 제출해야 한다. 쉽게 말하면 '자신만의 작품집'인 셈이다.

'포트폴리오'는 사실 입학시험이 아니더라도 평소에 미 리 생각하고 만들어 두기를 추천한다. 인생을 살면서 맞닥 뜨리는 다양한 상황에 유용하게 쓰이기 때문이다.

포트폴리오를 작성할 때는 자신의 인생을 이야기 형식 으로 정리하는 것부터 시작한다. 이 방법에 익숙해지면 어떤 일을 경험할 때 저절로 '지금 이 경험을 다른 상황에 활용할 수 있을까?' 하고 생각하게 된다. 살아가면서 경험이나 지식을 담아두는 서랍이 하나둘 늘어나는데, 포트폴리오는 바로 그 서랍을 '정리'하는 것이다.

방이 깨끗하게 정리되어 있으면 어떤 물건이 어디에 있는지 바로 알 수 있다. '펜이 어디에 있더라?' '모자를 어디에 뒀었지?' 하고 찾아다닐 필요가 없다.

머릿속도 마찬가지다. 포트폴리오를 잘 만들어 두면 활용할 수 있는 활동이나 경력 즉, 자신의 가치를 드러낼 만한 어떤 '판매 재료'가 있는지 금세 알 수 있다.

그러면 만일 어떤 문제 상황을 만나더라도 '아, 그 서랍에 있는 ○○를 활용하면 되겠구나'라는 생각이 자연스레 머릿속에 떠오른다.

포트폴리오를 만들다 보면 이제껏 몰랐던 새로운 가치를 발견하기도 한다. 가치 있다고 느끼지 못했던 것들이 '알고 보니 내게 가치 있는 것이었구나' 하는 깨달음에 번쩍 눈이 뜨인다. 더 나아가 어떤 일에서든 가치를 발견할 수 있게 된다.

또 자신이 잘하는 일, 할 수 있는 일이 무엇인지 알고 있으면 곤란한 상황이나 예상치 못한 난관에 부딪혀도 차분하게 대처할 수 있다. 성공하고 싶다면 자신이 가장 관심 있는 일, 마음껏 능력을 펼칠 수 있는 무대에 서야 한다.

실패하지 않는 사람이 되려면 자신의 '강점'을 알고 있어야 한다. 머릿속을 깨끗이 정리하는 인생의 포트폴리오를 만드는 데 도전해 보자.

의도적으로
정반대로 해 본다

만일 이런 상황에 놓인다면 어떻게 대처해야 할까?

추진하고 있던 프로젝트가 갑자기 문제가 생겨 도중
에 무산되었다.

문제를 해결할 수 있는 한 가지 방법은 하던 일과 '정반
대'의 일을 해 보는 것이다. 나는 초등학생 시절의 어느 한
여름 밤에 이 사실을 깨달았다.

더워서 쉽게 잠들지 못하던 밤이었다. 옛날에는 에어컨

이 없었기 때문에 창문을 열어 두거나 물베개로 머리를 식혀도 너무 더운 날은 눅눅해서 잠을 잘 수가 없었다.

"아, 정말 너무 더워. 어떻게 할 방법 없어?"

내 말을 들은 엄마가 대답했다.

"더우면 담요를 덮어 봐. 그리고 선풍기 바람을 쐬면 아주 시원해질 거야."

일반적인 생각과는 정반대되는 도무지 알 수 없는 대답이었다. 하지만 실제로 해 보니 정말 시원했다. 담요를 덮어 땀을 많이 흘린 상태에서 선풍기 바람을 쐬니 시원하다고 느끼는 것이다.

때로는 자신이 원하는 것과 정반대되는 일에서 해결 방법을 찾기도 한다. 일반적인 생각과는 정반대되는 일을 해보자. 이를테면 추운 겨울 아침 건포마찰(마른 수건으로 온몸의 피부를 강하게 문지르는 일)을 하거나 어떤 난관에 부딪혔을 때 평소라면 절대로 하지 않을 만한 방법을 시도해 본다.

상사를 설득해야 하는데 좀처럼 결론이 나지 않는 상황을 가정해 보자. 계속 밀어붙이면 미움 받을지도 모른다는 걱정 때문에 포기하고 싶어질 것이다.

하지만 일부러 한 번 더 강하게 밀어붙여 본다. 열 번 찍어서 안 넘어가면 한 번 더 해 보는 것이다. 지금까지라면 절대로 하지 않았을 만한 일에 도전할 때, 이제껏 몰랐던 새로운 시야가 열린다.

발코니에 올라가
조망한다

하버드대학 케네디스쿨에서 30년 넘게 리더십을 가르치고 있는 로널드 하이페츠(Ronald Heifetz) 교수는 《실행의 리더십》(위즈덤하우스, 2006년)에서 이렇게 말했다.

"리더라면 발코니에 올라가 조망하라."

댄스홀에서 많은 사람이 춤추고 있는 혼잡한 상황을 머릿속에 그려 보자. 댄스홀은 '현장의 관점'을 빗댄 표현이다. 리더는 때로는 현장을 벗어나 전체를 조망할 수 있는 장소, 즉 발코니에 올라가 홀 전체를 내려다봐야 한다. 그러면 홀의 한쪽은 많은 사람으로 북적이지만 반대쪽은 비어 있다는 사실을 알게 된다.

전체를 조망하면 겉으로 볼 때는 몰랐던 문제점이 눈에 들어온다. 리더는 전체를 바르게 살피고 다시 한 번 관점을 바로잡은 다음 현장으로 돌아와야 한다.

많은 사람이 모이는 곳에 갈 때면 이 말을 떠올린다.

파티나 업종 간 교류회 등에 참석하면 기조연설을 시작으로 건배와 환영의 시간이 이어진다. 이때 무대 가장 앞쪽은 항상 텅 비어 있고 뒤쪽은 많은 사람으로 북적이는 '레드오션' 상태가 된다.

나는 반드시 앞쪽의 텅 빈 장소를 선택한다. 앞에 서면 뒤가 아주 잘 보이는 데다가 중요한 초대 손님이나 회사의 중역 등 주요 인물들은 대체로 앞쪽에 있다.

앞에 있으면 그런 사람들과 자연스레 이야기할 기회가 생긴다. 주위에 사람이 많지 않아 조용히 이야기를 나누며 의미 있는 시간을 보낼 수 있다. 동시에 '평범한 사람들의 무리'를 벗어나는 아주 적절한 방법이기도 하다.

한 번쯤은 전지적 관점으로 자신이 서 있는 공간을 내려다 보자. 그러면 어디가 비어 있는지, 어떤 사람들이 왔는지 쉽게 알 수 있다.

파티에서는 일부러 앞쪽을 선택하자. 평소에 쉽게 접할 수 없는 사람들과 만나 이야기할 수 있는 절호의 기회이기 때문이다. 게다가 앞쪽에는 사람이 많지 않아 요리도 마음 껏 먹을 수 있다.

교실이나 회의실에서도 마찬가지다. 대부분 뒷자리부터 앉아 마지막에는 앞자리만 남는다. 이제부터는 일부러라도 앞자리에 앉아 보자. 선생님이나 상사에게 자신을 더 어필할 수 있고 같은 공간도 평소와는 다른 관점으로 바라볼 수 있게 된다.

사고방식뿐만 아니라 실제로 행동할 때도 전지적 관점으로 내려다보면 긍정적인 변화가 생길 것이다. 북적이는 사람들 속에 몸을 숨기지 말고 일부러 사람이 적은 곳으로 찾아가자. 이것이 바로 평범한 사람들의 무리에서 빠져나와 자신이 속한 공간을 더 가치 있는 곳으로 바꾸고 좋은 인맥을 만드는 요령이다.

세계에서
활약하는
최고들의 사고 습관

이 세상에
당연한 것은 없다

지금 '당연하다'고 생각하는 것들이 앞으로도 쭉 당연할 것이라 생각하는가. 이 세상에 당연한 것은 없다.

예를 들면 한때 '종신 고용'은 아주 당연한 일이었다.

하지만 60세까지 쭉 근무해왔던 회사를 정년퇴직한 후 연금을 받으며 유유자적이 생활하는 시대는 이미 끝났다. 지금은 언제 해고를 당해도 이상할 것 없는 시대다. 더욱이 연금이 지급되는 나이는 점점 늦어지고 지급액은 줄어들어 더 이상 연금만으로는 생활하기 어렵다.

한때는 은퇴 후에 호주로 이주하는 삶도 선택할 수 있

었다. 하지만 지금은 물가나 주거비가 비싸 쉽게 이주하지 못한다. 지금 연금으로 생활할 수 있는 나라는 태국이나 말레이시아, 인도네시아 정도다.

내 주변에도 실제로 해외로 이주해서 살고 있는 사람이 많다. 말 그대로 '글로벌화'다. 글로벌화라는 말을 들으면 어쩐지 시대를 한발 앞선 듯한 느낌이 들지만 실제로는 그다지 대단할 것도 없다. 어쩔 수 없이 선택하는 경우도 있기 때문이다.

모국어가 통하지 않으니 생활에 필요한 영어는 읽고 쓸 줄 알아야 한다. 게다가 수명이 늘어난 만큼 적어도 20, 30년간은 이주한 나라에서 살 생각을 해야 한다. 이런 상황에서는 어떤 마음가짐이 필요할까?

'로마에 가면 로마법을 따르라'는 속담이 있듯 해외에서 살려면 그 나라 문화에 동화되어야 한다. 특히나 현지의 커뮤니티나 음식은 매일 접할 것이다. 태국 요리를 예로 들자면 고수나 남쁠라 등 독특한 식재료나 요리에도 익숙해져야 한다.

해외로 이주한 부부들 중에는 현지에서 이혼해 따로 살고 있는 안타까운 경우도 있다. 아이는 엄마가 맡아 키우면서 일본과 해외를 오가며 생활한다. 아내는 대체로 비교적 현지 커뮤니티에 잘 적응하지만 남편은 함께 골프를 칠 상대조차 찾기 어렵다고 한다. 그런데도 기댈 곳이 연금뿐이다 보니 일본으로 돌아오고 싶어도 돌아오지 못한다.

참고로 이 남성은 한때 IT 대기업에서 많은 부하를 거느리며 활약했던 사람이다. 아마도 은퇴 후 현지에서도 부하를 대하듯 주변 사람들을 대했을 것이다.

하지만 회사를 그만두고 나면 솔직히 과거의 화려한 이력은 아무 쓸모 없어진다. 모국에서 생활하던 습관과 사고 방식을 고스란히 갖고 해외로 이주했기 때문에 불행해진 경우다.

주변을 둘러봐도 스스로 원해서든 그렇지 않든 많은 사람이 해외에서 살고 있다. 사는 곳은 일자리를 구할 수 있는 동남아시아 같은 개발도상국이다.

잘 나가는 기업에서 근무하던 한 40대 남성은 10년 전에 동남아시아로 부임 지령이 떨어져 '지금 나가면 언제 다시 돌아올 수 있을까?' 하는 걱정을 했다.

아니나 다를까 벌써 10년 이상 두 나라를 오가며 생활하고 있다. 이제는 싫어도 나가서 살아야 한다고 체념하듯 말한다. 돌아오더라도 있을 곳이 없는 것이다. 게다가 언제 해고당할지 모른다는 새로운 걱정까지 생겼다.

또 다른 지인은 중국 부임을 위해 가족들을 모두 남겨 두고 홀로 떠났다. 아내와는 따로 떨어져 살다가 일 년에 2, 3번 명절에만 만난다고 한다. 얼마 전에는 내게 돌아가기 싫다는 속마음을 털어놓았다.

20년 전, 갓 입사했을 당시만 해도 이렇게 될 줄은 누가 상상이나 했을까? 좋은 대학을 나와 일류 기업에 들어가기만 하면 눈앞에 안정된 인생이 펼쳐지리라 기대했을 것이다.

하지만 막상 그때가 되자 전혀 예상치도 못했던 세상이 기다리고 있었다. 때맞춰 출세하고 60세에 은퇴해 필요한 만큼 퇴직금을 받으며 느긋하게 삶을 즐기리라는 기대는 모두 빗나갔다.

이처럼 당연한 것은 계속 달라진다. 앞으로는 국내를 벗어나 '세계적인 차원'에서 생각하는 습관을 들여야 한다. 그리고 어디에 있든 즐겁게 살아가는 데 필요한 기술을 익혀야 할 것이다.

세계가 한 교실이
되는 시대다

앞에서 세계적인 차원에서 생각하는 습관의 중요성을 강조했는데 사실 전 세계적으로 이미 변화가 일어나고 있다.

이를테면 미국 컬럼비아대학의 제프리 삭스(Jeffrey Sachs) 교수의 강의는 12개국에서 동시에 들을 수 있다. 옥스퍼드대학, 북경대학, 싱가폴국립대학, 홍콩대학 등 모두 세계 일류 대학들이다. 게다가 삭스 교수의 강의는 각 대학의 학점 이수 과목으로 인정된다.

세계가 온라인을 통해 하나로 이어져 있기 때문에 북경대학의 학생이 실시간으로 미국에 있는 삭스 교수에게 질문하거나 삭스 교수가 옥스퍼드대학 학생에게 질문을 던질 수 있다. 말하자면 '지구' 전체가 교실인 셈이다.

아쉽게도 일본은 아직 그 대열에 합류하지 못했다. 하지만 일본에서도 반년에 한 번씩 이 수업에 참여하는 프로젝트가 진행되고 있다. 이제 세계가 하나의 교실이 되는 시대가 머지않은 것이다.

배움은 국내에만 한정되지 않는다. 글로벌화가 이뤄지면서 세계와의 경계가 점점 허물어져 가고 있다. 이제 우리의 의식도 바뀌어야 할 때다.

세계적인 인재들은 '지금 세계에는 무슨 일이 벌어지고 있는가?'에 항상 촉각을 곤두세우고 부지런히 정보를 모은다.

이를테면 인도에 있는 어느 기업의 대표는 다케나카 선생님을 비롯해 미국 전 재무장관, 영국 국제문제 연구소 소장 등 세계 각국의 주요 인사들을 일 년에 몇 차례씩 자신의 집으로 초대해 논의를 벌인다고 한다. 또 홍콩의 한 부호는 다보스포럼에 참석할 때 자신의 호텔 방으로 사람들을 초대해 이야기를 듣는다고 한다.

이처럼 모두 '세계'를 의식하고 있다. 앞으로 우리도 국

내가 아니라 세계를 목표해야 하지 않을까. 관점을 국내에서 해외로 넓혀 보자. 세계화 시대에서 살아남는 방법은 '세계적인 차원에서 생각하는 습관'이다.

지금은 30년 전
일의 결과다

지금 우리가 알고 있는 것들은 사실 '30년 전'에 일어났던 일의 결과다.

예를 들어 지금 유행하고 있는 '글루텐 프리' 식사 요법을 떠올려 보자. 밀가루 등 맥류에 포함되어 있는 단백질의 일종인 글루텐을 먹지 않는 방법인데, 과거에는 전혀 생각조차 할 수 없는 개념이었다.

30년도 더 이전에 내가 초등학생이었을 때는 매일 급식으로 쿠페 빵이 나왔다. 하지만 요즘에는 아토피나 알레르기 체질인 사람들이 늘고 있다. 그 원인 중 하나가 밀가루

라고 한다. 이렇게 되기까지 30년 가까이나 되는 세월이 흘렀다.

또 33년 전인 1985년에 국내에서 처음으로 휴대폰 대여 사업이 시작됐다. 지금이야 한 사람이 휴대폰을 하나씩 사용하는 것이 당연하지만 30년 전만 해도 이렇게까지 널리 보급되리라고는 아무도 예상하지 못했다.

이처럼 지금 당연하게 벌어지는 일들은 30년 전 일의 결과일 뿐이다. 몇 억 년 전에 도달한 빛이 우리 눈에는 밤하늘을 수놓은 별로 비치는 것처럼 모든 일의 시작과 결과에도 시차가 있는 것 아닐까.

30년 후의 일을 의식하고 예측해 보는 것이 중요하다. 30년이 너무 길다면 10년이나 15년 후의 일이라도 좋다. 10년만 지나도 시대의 의식이 달라지기 때문이다.

미래를 예측할 때 한 가지 더 중요한 점이 있다. '유행하는 것, 지금이 최고 정점인 것'에는 섣불리 접근하지 말아야 한다.

지금 한창 유행하는 것은 대체로 피크아웃(Peak-out, 정점 통과 후 점차 하강), 즉 지금 막 전성기를 지나고 있다. '등산'에 비유하자면 정상에 올라 이제부터 산에서 내려오

려고 하는 상황이다.

인기 업종의 변천사만 봐도 알 수 있다. 1950년대 초반
에는 섬유업의 인기가 가장 높았고 다음으로 석탄과 설탕
관련 사업이 인기를 끌었다. 지금은 어떻게 되었을까? 취
직 인기 순위 등을 보더라도 앞서 말한 업종은 이미 순위
권 밖으로 밀려났다.

반면, 당시 학업 성적이 좋지 않아 인기 업종으로 취직
하지 못하고 "너는 그냥 방송국에나 가!"라는 말 때문에
어쩔 수 없이 방송국에 입사한 사람이 있다. 영화 업계에
모든 관심이 집중되던 시절이라 방송국에는 아무도 눈길
을 주지 않을 때였다.

하지만 지금은 취직 인기 순위 상위권에 오른 인기 기업
이 되었다. 이처럼 유행은 시간이 흐르면서 크게 달라진다.

지금의 인기 기업도 앞으로 어떻게 될지 알 수 없다. 벌
써 방송국의 인기도 전과 비교해 조금 시들해졌다.

무슨 일이든 피크아웃을 지날 때 있는 힘껏 '마지막 꽃'
을 피우기 마련이다. 그리고 사람들은 그 모습에 쉽사리
미혹된다. 하지만 그것은 한순간의 반짝임에 불과하다. 여

러분이 그 모습에 미혹되지 않기를 바란다. 다시 말해 눈앞의 화려함이나 인기만을 보고 선택해서는 안 된다.

이를테면 취직할 기업을 선택할 때 10년 후, 15년 후를 내다보기 바란다. 지금 한창 인기 있는 기업에 들어가는 것만이 정답은 아니라는 생각이 들 것이다.

눈앞의 '인기'나 '유행'에 휩쓸려 섣불리 판단하지 않는다. 10년 후를 의식하고 미래를 예측하는 관점을 적용하기만 해도 지금까지와는 다른 답을 얻을 수 있을지도 모른다.

끝이야말로
새로운 시작이다

큰 인물이 세상을 떠나거나 회사를 은퇴할 때 흔히 한 시대가 끝났다고 말한다.

하지만 나는 이 말이 그저 단편적인 진리에 지나지 않는다고 생각한다. 사실 '끝이야말로 시작'이다.

생각해 보자. 지구상에 빙하기가 찾아왔을 때 지구가 멸망했는가. 얼음 밑에 잡초가 자라나면서 미약하지만 생명이 만들어졌다. 마찬가지로 공룡이 멸종됐을 때도 큰 생물은 모두 없어졌지만 강인하게 생명을 이어나간 작은 생물들이 있다. 공룡 시대는 끝났지만 새로운 생물들의 시작이었던 것이다.

지구의 역사는 지금도 계속되고 있다. 결국 빙하기는 지구의 끝이 아니라 새로운 시작이었다고 할 수 있지 않을까.

나는 2014년에 35년 동안 경영해 온 와세다 학원을 양도했다. 이 사실을 안 주변 사람들은 내게 "서운하시겠어요"라는 위로의 말을 건넸다. 솔직히 서운하지 않다고 한다면 거짓말이겠지만 와세다 학원은 앞으로 발전을 거듭하며 더욱 새로워지리라 믿는다.

내게 와세다 학원은 끝이 아니라 시작이다. 그래서 와세다 학원을 위한 가장 좋은 선택을 할 수 있었다. 이제까지의 경험을 자본으로 삼아 앞으로 더 다양한 일에 도전해 볼 셈이다. 내 안에서 와세다 학원은 아직 끝나지 않았다. 다음 무대에서도 계속해서 존재할 것이다.

어떤 일이 끝나야 다음 무대가 시작된다.

이를테면 진행하던 프로젝트가 도중에 무산되거나 생각했던 결과가 나오지 않더라도 결코 끝난 것이 아니다. 그럴 때일수록 새로운 무대를 시작해야 한다. 말하자면 나선형 계단에서 조금씩 위로 올라가는 상황과도 같다.

미국 특허청 장관을 지낸 찰스 듀엘(Charles H. Duell)이 1899년에 남긴 명언이 있다.

"모든 발명은 끝났다. 특허청은 이제 필요 없다."

하지만 4년 후에 라이트 형제가 인류 최초의 동력 비행기 발명에 성공했다. 끝이 아니라 새로운 발명의 역사가 시작된 순간이었다.

'끝'을 슬퍼하거나 좌절하지 말고 새로운 '시작'을 마음껏 기뻐하자. 끝이야말로 새로운 시작이라는 관점을 적용하면 인생이 변화될 것이다.

100세까지의 라이프 플랜을
미리 준비한다

인간의 '수명'은 시간이 지나면서 계속 늘어난다. 지금부터 50년 전인 1968년에 일본인의 평균 수명은 약 70세였다(당시 한국인의 평균 수명은 약 62세). 50~60대에 사망한 사람도 적지 않았다.

고작 반세기 만에 수명이 늘어나 2015년 일본인의 평균 수명은 남성 80.79세, 여성 87.05세(일본 후생노동성 2015년 '간이생명표'에서 참고. 같은 해 한국인의 평균 수명은 남성 79.0세, 여성 85.2세)가 되었다. 세계 최장수국가다.

런던 비즈니스 스쿨의 린다 그래튼(Lynda Gratton) 교수와 앤드류 스콧(Andrew Scott) 교수는《라이프 시프트(LIFE SHIFT)》(국내미출간)에서 지금 8세인 아이의 평균 수명은 105세, 20세인 사람의 평균 수명은 100세, 40세인 사람의 평균 수명은 95세가 될 것이라고 말했다.

지금 한 살인 내 손자 세대의 평균 수명은 115세다. 물론 지금도 100세를 넘기고도 건강하게 살고 있는 분들도 있지만 아직은 소수에 불과하다. 하지만 앞으로는 100세를 훌쩍 넘는 일이 흔해진다. '노인'이라는 말의 개념도 달라질지 모른다.

평균 수명이 지금보다 35년이나 더 길어진 115세를 기준으로 생각한다면 사고방식이 크게 달라져야 하지 않을까. 우선 60세에 정년퇴직을 해서는 살아가기 힘들다. 그 후로도 55년을 더 살 가능성이 있기 때문이다.

평균 수명 100세, 모든 사람이 지금보다 1.3배에서 1.4배는 더 오래 살게 되는 시대를 상상해 보면 지금의 인구 감소 현상이 반드시 나쁜 것만은 아니라는 생각이 든다.

인구가 8,000만 명이라고 해도 실제 노동력은 1억 1,200만 명인 셈이다. 이처럼 발상을 전환하면 저출산 문제도 일자리 부족 문제의 한 가지 대책처럼 느껴진다.

그렇다면 평균 수명이 100세인 인생을 미리미리 준비해야 하지 않을까? 적어도 85세까지는 일을 해야 한다. 몸이 건강하다면 무슨 일이든 할 수 있다. 앞으로 의료도 계속 발전할 테니 건강 수명도 당연히 늘어날 것이다.

'60세 정년, 80년 인생'이 기준인 지금과는 많은 것이 달라진다. 교육 방법은 물론 은퇴 시기나 노후를 사는 방법도 달라질 수밖에 없다. 직업 형태도 바뀔 것이다. 어쩌면 회사에서 근무하는 모습 자체가 달라질지도 모른다.

80대가 되어서도 계속해서 할 수 있는 일은 무엇일까? 바로 '예술' 분야의 일이 아닐까 싶다. 앞으로는 우리 모두가 '아티스트'가 되어야 한다.

그림을 그리거나 조각을 하거나 음악을 연주하는 소위 말하는 예술가만이 아티스트는 아니다. 앞에서 말한 대로 비즈니스에서 '감동'을 실현하는 사람들 모두가 아티스트다.

100세까지 살게 된다면 여러분은 무슨 일을 하고 싶은가? 이제부터라도 라이프 플랜을 준비해 보자.

미래의 이력서를
작성한다

일반적으로 이력서라고 하면 자신의 인생을 되돌아보고 '몇 년도에 태어나 ○○고등학교에 입학하고…'와 같이 '과거'의 일을 나열한다. 이제부터는 앞에서 소개한 결전 기승의 관점에서 자신의 미래 경력을 정리해보자. '미래의 이력서'는 자신의 인생에 예술을 덧입히는 작업이다.

이를테면 105세까지 산다고 가정하고 이력서를 작성해보자. 구체적으로 몇 살까지 일할 것인지, 연금만으로는 생활하기 어려우니 다른 수입원으로 어떤 일이 적절할지 생각하며 써 내려가 본다.

'나는 무슨 일을 잘하지?' '내가 하고 싶은 일은 뭘까?' 하고 자문자답해 보는 것이다. 마치 미래 예상도를 그리듯 머릿속으로 궁리해 본다.

나 역시 학생이나 사회인들을 대상으로 미래의 이력서를 작성하게 한다. 인생에서 쓸 명함을 생각해 보는 시간을 갖는 것이다.

25세, 35세, 45세, 55세… 10년마다 자신이 어떤 명함을 갖고 있게 될지 생각해 본다. 명함에 어떤 직함을 써넣고 어떻게 디자인할 것인지까지 구체적으로 상상한다. 또 세계를 무대로 활약하겠다는 의지를 담아 뒷면에는 영어로 표기하는 것도 잊지 않는다.

이렇게 자신의 미래를 구체적으로 그려나가는 사이에 마음속에 그리던 명함을 실제로 갖게 된다. 바라던 일이 실현된다는 사실이 저절로 믿어진다.

이처럼 미래의 이력서는 자신이 하고 싶은 일, 되고 싶은 모습을 선언하는 것이기도 하다. 미래의 이력서를 작성하다 보면 의식과 관점이 확연히 달라진다. '정말로 되고 싶은 모습'에 한 걸음 더 다가갈 수 있다.

숨은 뜻을
이해한다

학창 시절 들었던 수업 중에 아직도 기억에 남는 것이
있다.

어느 날 검도 교사 7단인 선생님이 내게 말했다.

"아이카와, 너 선생님 안 보고 있지."

"아니에요. 제대로 보고 있어요."

"아니, 너 안 보고 있어. 앞으로 나와서 '보다'라는 한자
를 써 봐."

나는 앞으로 나가 칠판에 '見(보다 견)'이라는 한자를 썼
다. 그러자 선생님이 말했다.

"틀렸어. 선생님이 말하는 건 그게 아니야."

선생님은 그 옆에 '觀(보다 관)'이라는 한자를 쓰며 내게 두 한자의 차이점을 설명해 보라고 했다.

여러분은 이 두 한자의 차이점을 설명할 수 있는가?

말문이 막혀 우물쭈물하고 있다가 가까스로 대답했다.

"觀(관)은 관찰을 뜻하는 말… 음, 그러니까 자세히 살펴본다는 의미 아닌가요?"

"맞아, 비슷한 의미야."

대답은 했지만 사실 관찰하듯 수업에 집중하고 있지 않았던 것은 사실이었다.

갑작스럽게 모두의 관심이 자신에게 집중될 때는 어떻게 대답해야 좋을까? 당시에는 너무나 창피해서 "왜 하필 내가 걸린 거야?" 하고 선생님을 원망하기도 했다.

하지만 돌이켜 보니 중요한 사실을 직접 배울 수 있어 감사한 마음이다. 이렇게 오래도록 기억에 남는 수업은 평생 값진 재산이 된다.

'교육은 백년대계다'라는 말이 있듯 40년도 넘는 세월이 흘렀지만 여전히 선명하게 기억에 남아 있다. 그만큼 강렬한 경험이었다. 당시 같은 반이었던 친구들의 기억에도 인상 깊게 남았는지 지금도 이따금 "너 그때 선생님한테 걸렸었잖아" 하고 놀리기도 한다.

그밖에도 선생님은 '알다'라는 한자에 대해서도 설명했다. '알다'라는 뜻을 가진 한자를 머릿속에 떠올리면 대부분 '知(알다 지)'를 생각할 것이다. 하지만 선생님은 재미있게도 이렇게 말했다.

"'알다'라는 한자는 '識(알다 식)'이야. 말씀 언(言)변이 들어가 있지?"

'박식하다'라는 말에 들어가는 한자다.

"네가 알고 있는 한자는 단순한 인지 정보 차원에서 알고 있는지 아닌지를 말할 뿐이야. 스스로 배우고 깨닫는다는 의미는 포함되어 있지 않지."

이렇게 직접 배운 것은 뇌의 깊은 곳에 저장되어 아무리 세월이 흘러도 잊히지 않는다.

앞에서 소개한 MIT 미디어랩에서 강조하는 '교육을 뛰어넘는 배움(Learning over Education)'과도 통하는 가르침이다. 자발적이고 적극적인 자세는 앞으로 다가올 미래를 살아나가는 데 꼭 필요하다.

스스로 만족할 만한
인생을 산다

사람들은 자신의 인생을 평가할 때 타인의 평가를 적용한다. 그리고 타인의 평가에 맞춰가며 보여주기식 인생을 살려고 한다.

하지만 앞으로는 '타인에게 보여주기 위한 인생'이 아니라 '스스로 만족할 만한 인생'을 살아야 한다. 그러려면 다면적이고 복합적인 사고방식이 필요하다.

인생 100세 시대에 한 가지 일을 80, 90세까지 꾸준히 하기만 해도 분명 대단하지만, 시대와 상황에 맞춰 자신의 특기 분야를 조합해 다양한 직업을 선택할 수 있다면 삶이 더 재미있지 않을까?

영국의 사상가 존 스튜어트 밀(John Stuart Mill)은 리버럴 아츠에 대해 이렇게 표현했다.

> To know something of everything and everything of something
>
> 모든 것을 조금씩 아는 것과 특정한 것을 훤히 아는 것

특정한 것을 훤히 아는 전문성과 모든 것을 조금씩 아는 넓은 지식 모두 중요하다는 의미다.

또 일본의 정치학자 마루야마 마사오는 이렇게 말했다.

"오케스트라 지휘자를 떠올려 보라. 지휘자는 모든 관현악 악기를 전문적으로 연주하지는 못하더라도 각각의 특징과 연주법을 훤히 알고 있어야 한다. 더 나아가 지휘법을 철저히 꿰뚫고 있어야 한다."

요시다 겐코의 수필집 《도연초》에 '어떤 사람이 자녀를 승려로 만들어'로 시작하는 구절이 있다. 승려가 되려면 다양한 능력이 필요했다.

예를 들어 도사로 초대를 받았을 때는 말을 타고 가야

하고, 재의 술자리에서는 조가(중세시대 가요 중 하나)를 뽐내야 한다. 승려가 되고 싶은 사람들은 승려가 되기 전에 먼저 필요한 능력을 키우려 했다.

하지만 너무 주변적인 일에만 집중한 나머지 정작 승려의 꿈은 이루지 못한 채 세월이 흘러가 버렸다는 내용이다.

이 이야기에는 정말 하고 싶은 일이라면 쓸데없는 일에 시간을 낭비하지 말고 꼭 필요한 준비에만 집중해야 한다는 교훈이 담겨 있다.

하지만 앞으로는 전문성은 물론 폭넓은 지식도 중요하다. '하이프니스트'의 시대다. 말을 타는 것, 조가를 부르는 것 모두 할 줄 알아야 한다.

국경을 뛰어넘어 활약하는 인재만이 살아남는 시대에는 전문성은 물론 종합적인 능력이 꼭 필요하다. 세계적인 인재들처럼 여러분도 스스로 만족할 만한 인생을 찾아 나가기를 바란다.

최고들은 어떻게
생각을 습관하는가

1960년대 후반에 등장해 크게 유행했던 〈거인의 별〉(극한의 훈련 속에서 피어나는 야구선수들의 우정 이야기)이라는 애니메이션이 있다. 주인공 호시 휴마가 마구 '메이저리그 볼'을 던지는 훈련을 하기 위해 엑스밴더를 개조한 '메이저리그 볼 양성 깁스'라는 기이한 기구를 몸에 착용하고 생활하는 장면으로 유명하다.

평범한 방법으로는 마구를 던질 수 없자 근력을 키우기 위해 기구를 착용하는 방법을 택한 것이다. 혹독한 트레이닝 덕분에 주인공 휴마는 아무도 흉내 낼 수 없는 기적의 마구를 던질 수 있게 된다. 기발하면서도 단순한 내용이다.

이 장면은 줄곧 웃음거리가 될 정도로 애니메이션에서나 가능한 비현실적인 이야기처럼 비칠지도 모른다. 하지만 나는 현실에서도 충분히 가능한 발상이라고 생각한다.

마지막으로 어떻게 하면 이런 발상이 가능할지 이야기하고자 한다.

지금까지 세계적인 인재들의 여러 습관을 소개했다. 어쩌면 그들은 누군가에게 배워서가 아니라 스스로 깨달았을지도 모른다. 자신이 갖고 있는 재능이 선천적인 것인지 후천적인 것인지는 중요하지 않다.

앞으로 해야 할 일이 무엇인지 알았다면 지금부터라도 하나씩 익혀나가면 된다. 하지만 평소에 의식하거나 해 본 적이 없어 막상 실천하려 해도 마음처럼 되지 않아 포기하기도 한다.

다시 애니메이션 〈거인의 별〉을 생각해 보자. 호시 휴마가 이룰 수 없는 꿈이었던 메이저리그 볼을 던지기 위해 혹독한 훈련을 거쳤던 것처럼 우리도 실제 우리 삶에 세계적인 인재들의 삶의 방식을 적용하려면 호시 휴마의 깁스처럼 묘안이 필요하지 않을까. 그래서 성공한 인재들의 공통점을 습관화할 수 있는 과제를 몇 가지 생각해 보았다.

부담 없이 할 수 있는 것만 소개하려고 하니 일상생활에서 잠깐씩이라도 꼭 해 보기를 바란다. 만일 여러분이 사회인이라면 앞으로 쌓아나갈 커리어에, 대학생이라면 취업 활동에, 중고등학생이라면 AO 전형이나 추천 입학시험, 그리고 새로운 대학 입학시험에 큰 도움이 될 것이다.

- 자신의 이름에 어떤 유래가 있는지 조사해 보자. 예를 들어 부모님에게 탄생 비화를 물어보거나 산모수첩을 봐도 좋다. 그런 다음 '내 이름'이라는 제목으로 리포트를 작성해 보자.

- 옛 앨범을 펼쳐보자. 수많은 사진 가운데 '자신'이 가장 잘 표현된 사진을 3장 골라 본다(유아기, 초등학생이나 중학생 시절, 고등학생 이후 시절에서 1장씩 고른다). 대규모 사진전에 출품하는 상황을 가정하고 사진마다 한 줄씩 짤막하게 '캐치프레이즈'를 적는다.

- 자신의 꿈을 실현하기 위해 지금부터 알고 지내면 좋을 만한 세 명의 이름을 떠올리고 그들의 프로필을 조사해 보자. 그

리고 실제로 그 사람들과 가까워지려면 어떻게 해야 하는지 구체적인 계획을 세워 본다.

- 여러분이 강연회에 강연자로 참가하게 되었다고 하자. 주어진 시간은 15분. 청중 앞에서 어떤 메시지를 전할 것인가? 전하고 싶은 메시지를 글로 작성해 보자.

마지막까지 이 책을 읽은 여러분이라면 이 과제에 담겨 있는 의도가 무엇인지 잘 알 테니 자세한 설명은 생략하겠다. 실제로 해 보면 막연하다고 느낄지도 모르지만 그것만으로도 충분하다.

'살면서 이런 생각을 해 본 건 처음이야' '나는 이런 부분이 약하구나' 하고 깨닫는 것이 중요하다. 깁스를 처음 착용하면 누구나 어색하다고 느낄 수밖에 없다. 그 어색함이 사라져야 메이저리그 볼을 던질 수도 있다.

앞에서 제시한 과제는 하나의 예시일 뿐이다. 속는 셈 치고 한번 시도해 봐도 좋고, 이 책에서 소개한 최고들의 습관을 익히려면 어떤 과제를 거쳐야 하는지 스스로 생각해 보고 하나씩 해결해 나가도 좋다.

한 명이라도 더 많은 사람이 세계에서 활약하는 인재가 되기를 바라는 마음이다. 이 책이 여러분에게 그런 기회를 가져다줄 수 있다면 저자로서는 더할 나위 없는 기쁨일 것이다.

아이카와 히데키

글씨가 예뻐지는 60일의 기적
손글씨 처방전

임예진 지음 | 192쪽 | 12,500원

손글씨를 잘, 예쁘게 쓰기 위한 손글씨 연습 책이다. 자신의 손글씨에 대한 문제점 파악과 진단을 하고, 손에 맞는 펜 고르기와 펜 잡는 법 등 처음부터 하나하나 짚어가며 손글씨를 쓰기 위한 최적의 조건을 만들 수 있도록 구성하였다.

나를 위한 감성 힐링 손글씨 수업
하루 한 시간, 캘리그라피

임예진 지음 | 184쪽 | 15,000원

다양한 도구를 이용한 캘리그라피의 표현과 느낌을 다룬 책. 모든 사물을 이용해서 다양한 감성의 글씨를 쓸 수 있도록 하였다. 또한, 캘리그라피로 쓰기 좋은 글 100가지를 작가의 감성으로 표현하여 다양한 예시를 제공하고 있다.